国家级新区
管理体制创新建设研究：
以赣江新区为例

刘荣春　干　甜◎编著

GUOJIAJI XINQU
GUANLITIZHI CHUANGXIN JIANSHE YANJIU
YI GANJIANG XINQU WEILI

经济管理出版社
ECONOMY & MANAGEMENT PUBLISHING HOUSE

图书在版编目（CIP）数据

国家级新区管理体制创新建设研究：以赣江新区为例/刘荣春，干甜编著. —北京：经济管理出版社，2023.6
ISBN 978-7-5096-9073-4

Ⅰ.①国… Ⅱ.①刘… ②千… Ⅲ.①经济开发区—区域经济发展—研究—中国
Ⅳ.①F127.9

中国国家版本馆 CIP 数据核字（2023）第 105625 号

组稿编辑：丁慧敏
责任编辑：丁慧敏
责任印制：许 艳
责任校对：张晓燕

出版发行：经济管理出版社
　　　　　（北京市海淀区北蜂窝 8 号中雅大厦 A 座 11 层　 100038）
网　　　址：www.E-mp.com.cn
电　　　话：(010) 51915602
印　　　刷：北京虎彩文化传播有限公司
经　　　销：新华书店
开　　　本：720mm×1000mm/16
印　　　张：14.75
字　　　数：198 千字
版　　　次：2023 年 6 月第 1 版　 2023 年 6 月第 1 次印刷
书　　　号：ISBN 978-7-5096-9073-4
定　　　价：98.00 元

目　录

第一章
国家级城市新区

第一节　国家级城市新区的概念、功能、类型及区位选择

一、国家级城市新区的概念

国家级城市新区是由国务院批准设立的以相关行政区、特殊功能区为基础，承担国家重大发展和改革开放战略任务的综合功能区。作为一项具有中国特色的区域经济政策，是中国长期以来实施的经济技术开发区（以下简称"开发区"）、高新技术产业开发区（以下简称"高新区"）等特殊经济区政策演化的高级阶段。国家级城市新区与改革开放以来先后出现的经济特区、国家级开发区、普通城市新区等共同形成了我国城市功能区的总体构架，成为国家工业化、城镇化发展战略的重要组成部分。在推动全国改革开放、带动区域经济发展方面发挥了独特的引领作用。

国家级城市新区具有如下五个特点：①从批复主体看，由国务院对国家级城市新区的成立、总体目标、开发建设、发展定位等进行统一规划和审批；②从地理位置看，已设立的 19 个国家级城市新区分布于沿海

以及内陆地区，并依据其区位条件有着不同的功能定位；③从发展目标看，国家级城市新区是工业化、城镇化协调发展的城市功能完备的战略新区；④从政策支持看，国家级城市新区是有着特殊优惠政策和较高权限的改革高地；⑤从战略意义看，与各类开发区、高新区、园区等相比，国家级城市新区具有更高层级和更丰富内涵的综合定位。

二、国家级城市新区的功能

（一）带动区域经济增长

1. 为区域经济增长提供新的初始条件

由于区域经济发展中规模报酬递增与循环累积因果效应的存在，区域经济增长的初始条件对其长期经济增长路径具有关键作用。对于初始经济增长条件较差的地区，"路径依赖"与"锁定效应"会使该区域经济增长长期处于低水平均衡状态。在动态多重均衡情况下，针对初始条件较差的特定区域实施区位导向性政策，改变其不合意的均衡状态，使其由低水平均衡向高水平均衡移动是非常必要的。现有实证研究也表明，区位导向性政策通过改变落后地区不利初始条件有效带动了所在区域长期经济增长。Klineand Moretti（2013）发现，美国针对田纳西河流域这一欠发达区域实施的区位导向性政策在政策补贴中止后仍然对当地制造业产生了长期带动效应。Ehrlichand Seidel（2018）发现，原联邦德国政府对邻近原东德欠发达地区实施的区位导向性政策在该政策停止后16年内仍对收入产生了持续带动效应。因此，国家级城市新区设立形成的政策优势为所在区域经济增长提供了新的初始条件，为落后地区打破循环累积效应造成的经济增长长期滞后的不利局面提供了启动点。

2. 通过改变区域不利的初始制度环境带动区域经济增长

国家级城市新区较高的行政等级使其具备了更强的制度创新能力。目前国家级城市新区在行政级别上都属于"高配"，具备副省级经济管理权限，较高的行政级别使得国家级城市新区能够调配更多资源进行制度创新。同时，国家级城市新区通过叠加国家综合配套改革试验区或者中央直接授权方式获得制度创新方面的"先行先试权"，使其具备了更大的制度创新权限。因此，国家级城市新区往往成为所在区域改革的先行试点区域，由此带来的初始制度环境的改善可以促进区域经济增长。

3. 通过集聚经济带动区域经济增长

第一，要素数量扩张途径。作为一个经济增长极，国家级城市新区的设立在信贷、建设用地以及户籍等方面的优惠政策能吸引更多要素集聚到所在区域，从而使得短期内国家级城市新区所在区域的要素数量迅速扩张。根据新古典经济增长理论，在经济发展初期阶段要素数量的增加可以带动经济的迅速增长。因此，国家级城市新区的设立会通过要素投入数量扩张来带动区域经济增长。

第二，生产率水平提升途径。国家级城市新区空间集聚所产生的正外部性也会提高企业、行业与整体经济的生产率水平。对单个企业而言，企业集聚在国家级城市新区这一规模更大的区域可以降低单个企业经营所面临的不确定性，通过获取网络外部性来提高自身企业生产率。同时，国家级城市新区会通过劳动力池、中间投入品共享与技术溢出等外部性以及共享、学习与匹配等机制形成行业层面的规模报酬递增，提高整个行业的生产率。此外，区别于开发区和高新区等产业类型相对单一的特殊经济区，国家级城市新区由于经济体量更大和战略定位更高，其内部往往集聚了多种类型的产业，产业多样化集聚过程中不同产业交互影响形成的外部性也会带动所在区域所有行业生产率的提高。

（二）引领周边区域发展

国家级城市新区作为所在区域的增长极，由于其包括多种类单一型特殊经济区，故实际上国家级城市新区是多个增长极的集合。目前所有的国家级城市新区都包含有数量不一的单一型特殊经济区，发展比较完善的上海浦东新区、天津滨海新区与广州南沙新区包含了目前所有类型的单一型特殊经济区。因此，国家级城市新区集聚经济的发展水平更高，对周边区域的扩散效应也更加明显。同时，国家级城市新区作为制度创新的增长极，也会通过制度的外溢影响到周边区域，从而引领周边区域的制度变迁。由于国家级城市新区意味着更大的市场范围，市场的扩大会使区内分工水平提高，此时会出现经济的再集聚过程，即在原有基础上实现产业结构的升级、发展方式的转型，在此基础上新一轮扩散效应也会引领周边区域的转型与升级。

（三）促进制度外部供给与内生创新相结合

国家级城市新区都是经地方政府向中央政府申请后由中央政府批复设立的，因此国家级城市新区的设立具有自上而下与自下而上决策相结合的特征。虽然以前设立的单一型特殊经济区，例如高新区、经济技术开发区等实际上也须由国家审批，但单一型特殊经济区享受的国家优惠政策由国家直接供给，且同一类型单一型特殊经济区享受的政策基本是相同的；而不同国家级城市新区享受的国家优惠政策力度存在很大差异，这主要是因为设立国家级城市新区的目的在于解决面上问题与地方区域性问题。这也为国家级城市新区制度外部供给与内生创新奠定了基础。

三、城市新区的类型

目前，学者或者研究机构对城市新区的分类没有固定的标准，有的考虑城市新区的选址地点，有的考虑城市新区的动力机制，有的考虑城市新区的发展沿革等。采用不同的划分指标，对城市新区的分类自然也形式多样。通过归纳整理和分析现有文献材料，本书对城市新区类型的划分主要考量的是功能层次的不同，包括以下四种：

（1）功能种类：依功能种类不同分为单一型和复合型城市新区。单一功能型城市新区，是指只承担某一种功能建设的城市新区。复合功能型城市新区，是指承担多个城市功能建设的综合性强的城市新区。单一型城市新区一般有工业开发区、高新技术产业区、大型居住社区、旅游度假区、进出口贸易区等。复合型城市新区有点像单一型城市新区的升级版本，我国的国家级城市新区和许多地方城市新区都是具有代表性的复合型城市新区。

（2）主导功能：依主导功能不同分为二产型、三产型、科教型、旅游型和物流型城市新区。二产型城市新区就是工业主导型城市新区，三产型城市新区是现代服务业主导型城市新区，科教型城市新区是以高校园区、科研机构的科学技术知识为主导的智慧型城市新区，旅游型城市新区是依托旅游景点或自然资源、人文资源等旅游休闲资源为主导的城市新区，物流型城市新区是借助航空、海港、高铁、公路等运输优势发展以物流业为主导的城市新区。

（3）功能覆盖范围：依功能覆盖范围不同分为生产为主型、生活为主型、产城融合型城市新区。生产为主型城市新区是指城市新区建设主要覆盖产业发展，强调振兴产业。生活为主型城市新区是指城市新区建设主要覆盖居住条件的改善和居住人口的增加，强调振兴城市。产城融合型城市新区顾名思义就是生产和生活相对均衡的城市新区。

（4）功能战略定位：依功能战略定位不同分为商务中心型、城市副中心型、新行政中心型城市新区。商务中心型城市新区以打造高端金融业为主，城市副中心型城市新区以分担老城区政治、经济、文化、社会功能为主，新行政中心型城市新区则是承担老城区的大部分甚至全部的行政功能的转移。

需要注意的是，城市新区的类型不是一成不变的，随着外在发展要求和内在转型的需要，城市新区也在不断升级换代，逐渐呈现出多类型的特点。我们在分析具体问题时，不能过分教条主义，固定带入，而要突破类型局限，科学客观地分析、思考。

四、国家级城市新区的区位选择

国家级城市新区的实质是一种政策新区，其设立与建设必须服从于特定的国家发展战略；无论是出于空间均衡还是经济效率的目的考虑，设立国家级城市新区的地区必须具备优良的综合支撑条件，而城市群对于国家级城市新区建设的支撑作用体现为自然、经济、交通通信、社会条件的共同作用。因此，影响和决定国家级城市新区区位选择的要素主要有以下五大因子：

（1）政策因子。基于政治经济学考量的区域发展战略导向具有引领性、决定性作用，属政策因子表征。

（2）自然因子。自然因子包括土地、气候、水文条件等，其在农耕时代对生产经济活动起着决定性的作用。随着生产力水平的发展以及产业结构的不断升级，自然条件对经济活动区位的影响趋于减弱，但具备适宜的气候、水文以及土地资源，仍然是经济活动顺利进行的重要前提，同样对国家级城市新区的区位选择具有一定的约束作用。

（3）经济因子。经济因子包括经济实力、外资利用能力、产业结构基础、融资能力以及经济活力等。在现代经济发展中，区域经济条件往往决定了城市新区的开发建设成本和效率，因而对国家级城市新区的区位选择具有主导作用。

（4）交通通信因子。交通通信因子包括航空、公路、铁路、水运的便捷程度以及信息通达程度等，交通设施在加快地区人流物流、加强地区经济联系中扮演着重要的角色。现代经济的发展越来越依赖于便捷的交通基础设施，而交通便捷程度与信息通达水平对国家级城市新区的建设和发展具有很强的助力作用。

（5）社会因子。社会因子包括地区创新能力以及人力资源条件等。科学技术水平、人力资源条件是地区经济发展的原动力，对国家级城市新区的建设具有支撑作用。

第二节　国家级城市新区的相关研究

一、国外城市新区相关研究

国外城市新区研究始于 19 世纪初，主要是围绕工业化、城市化过程中特定的城市问题展开。国外没有"国家级新区"的概念，与之直接相关的是城市新区，相关研究为我国国家级城市新区建设提供了基本的理论支撑与实践借鉴。国外早期的城市新区研究侧重社会功能，研究主题聚焦于建立城市新区以疏解中心城市的居住、交通压力，随着欧美国家工业化的深入推进，相关研究逐渐拓展至城市新区的经济功能、开发管理等方面。从不同国家的实践情况来看，国外的城市新区建设主要源自大城市功能疏散的需要，在实践中呈现出不同的发展定位。最早进行城市新区建设的是英国的伦敦，其城市新区规划的主要功能是高速工业化下的城市功能疏散，从田园城市开始，共经历了三代城市新区的实践探索；法国巴黎的城市新区建设，主要是基于"优先发展轴"的多中心城市理念；日本东京的城市新区建设则围绕便捷交通干线支撑的"业务核心城市"；美国的城市新区建设则是以私营化和郊区化为动力。其中具有代表性的研究包括：

（一）城市新区社会功能方面

针对西方工业革命后大城市人口膨胀引发的住房紧张、交通拥挤等问题，Howard（1898）关于"建立新城解决城市问题"的理念被认为是城市新区研究的理论雏形，他通过三种"磁力"的图解论证，提出建设兼具"城市–乡村"优点的"田园城市"理论，对城市规模、布局结构、人口密度、绿化带等城市规划问题提出了独创性的见解，对英国、日本的"反磁力中心"城镇布局体系建设提供了直接的理论指导，对其后的卫星城镇（Unwin，1903）、有机疏散（Saarinen，1934）、广亩城（Wright，1932）等理论具有启蒙意义。

（二）城市新区经济功能方面

Hall P（1972）总结了英国的城市新区建设经验，认为仅将城市新区定位为大都市的"卧城"会导致出现"钟摆式"的交通问题，应注重城市新区就业－居住的平衡，发展城市新区的产业和经济；Marshall A（1997）提出将工业集聚区称为产业区；Weber A（1997）从工业区位论的角度阐释了产业集群现象，为城市新区产业聚集研究奠定了基础；Garreau J（1991）将美国中心城市周边的新区命名为"边缘城市"，此后城市新区与中心城市的互动关系成为一项新的研究主题；Henderson V（1996）探讨了中心城市与边缘城市的人口、就业与居住的竞争关系；McKee D（2001）、Barnett J（2002）分别研究了边缘城市对中心城市的经济贡献以及边缘城市向中心城市转型的可行性。

（三）城市新区开发管理方面

"美国精明增长联盟"（Smart Growth America）（2000）针对城市新区无序蔓延、低密度开发的问题，将企业管理的理念引入城市新区发展管理，提出"精明增长"理念，在实施方法上强调科学编制土地利用规划、发挥政府财税政策的指向作用；Biles R（1998）、Forsyth A（2002）等基于美国新城开发案例研究，指出必须发挥政府和新城开发商的共同作用，即由私人进行资本运作、地方政府提供产业和开发政策，由二者合作共同完成城市新区开发。

综上所述，国家级城市新区是中国特有的新区建设战略，国家级城市新区的建设原型来自国外的城市新区，国外的城市新区建设为我国的国家级城市新区建设提供了基本的理论支撑与实践借鉴，但二者在建设背景、战略目标、管理开发体制等方面存在显著差异，因此传统西方理论无法充分指导和解释我国国家级城市新区的实践。

二、国内国家级城市新区相关研究

国内的国家级城市新区研究始于 20 世纪 90 年代，以 2014 年为时间节点大致分为两类：2014 年之前由于国家级城市新区数量较少，相关文献多以单一城市新区为研究对象，主要集中于浦东、滨海、两江三大国家级城市新区，研究内容聚焦于相关个案的产业发展、体制机制等，研究方法多为定性分析；随着 2014 年国家级城市新区进入密集批复期，学者们开始将"国家级城市新区整体"作为研究对象，研究内容涉及总体战略、布局、规划等，研究方法注重定性、定量的综合应用。

(一) 单一城市新区研究方面

余典范 (2007) 研究了浦东新区在 20 世纪 90 年代改革开放中的示范意义，提出浦东新区与深圳特区的不同之处在于要依托上海对长三角产生辐射作用。贺曲夫等 (2009) 针对滨海新区管委会、各区政府多头管理的问题，提出了滨海新区管理体制改革的三个改革方案，即设立滨海二级市，调整行政区划设立滨海新区行政区政府，维持新区管委会模式及行政区划现状，但通过高配管委会领导的方式扩大管理权限，并详细论证了上述方案的优点与不足。邢春生 (2010) 认为改革开放催生了中国特色的区域经济增长极，他以增长极带动区域经济为主线，研究了"大工业带动"的滨海模式以及深圳特区、浦东新区对珠三角、长三角经济区的引领带动作用，对滨海新区带动环渤海经济区发展的作用机理进行了深入分析。王佳宁等 (2017) 提出国家级城市新区的建设将关系到区域经济社会发展乃至更高层级的国家总体战略部署，国家级城市新区不但要引领经济发展，还要在行政体制、社会改革等方面大胆探索。

(二) 国家级城市新区整体性研究方面

曹云 (2016) 比较了国家级城市新区与国家级开发区、普通城市新区的功能与特点，提出国家级城市新区是以改革和创新为内在动力、以建设多功能城市经济为方向、承担国家全局性战略使命的综合功能区，国家级城市新区将成为经济新常态下我国一项新的区域发展战略和经济增长的新引擎。吴昊天等（2015）指出国家级城市新区的角色是改革红利释放区、改革探索试验区、区域核心增长极、产城融合典范区、绿色生态宜居地，其研究为新时期国家级城市新区战略定位的调整提供了基本思路。叶具海等（2015）构建了国家级城市新区发展潜力评价指标体系，运用 GRNN 法对已有国家级城市新区、准国家级城市新区所在的中心城市进行了综合评价，将城市新区进行了功能分类。彭建等（2015）以城市群为评价对象，构建了国家级城市新区区位选择的评价指标体系，评价了现有国家级城市新区布局的合理性。晁恒等（2015）以尺度重构为视角，将国家级城市新区视作国家治理战略的"增量空间"以及区域空间优化的载体，认为"多规合一"（包括国民经济与社会发展五年规划、土地利用总体规划、城乡总体规划）将有利于城市新区治理模式及空间战略的重构。总体而言，早期关于单一城市新区的案例研究为国家级城市新区的整体性研究提供了重要的研究视角和研究基础，勾勒出"类特区"功能定位下的"国家级城市新区"在我国改革开放、经济发展全局中的位置，对"国家级城市新区"作为一项整体战略被纳入宏观政策框架起到了推动作用。另外，国内关于国家级城市新区的整体性研究起步时间较短，相关文献仅限于现有和拟申报的国家级城市新区的研究，缺乏对未来国家级城市新区发展方向的宏观把握，尤其缺少对经济新常态下国家级城市新区战略定位的前瞻性研究，对国家级城市新区体制机制尚缺乏有力的理论探讨。

第三节　国家级城市新区与其他类型 经济区的比较

一、国家级城市新区与国家级开发区比较

国家级开发区是指由国务院批复设立的享有特殊优惠政策的城市产业功能区，国家级开发区主要界定为国家级经济开发区和国家级高新技术开发区。从二者产生的背景来看，国家级开发区产生于 20 世纪 80 年代，是我国加速工业化建设的产物。国家级开发区按照"三为主、一致力"的发展方针，在引进外资、技术和管理经验方面发挥了积极的作用。国家级城市新区产生于 20 世纪 90 年代，是对彼时出现的"开发区热"的一次全面反思，城市新区这一概念源自"开发区"向"产城一体化城市新区"的转变，顺应了开发区从"单一生产"园区型经济，向多功能"生产、服务、消费"城市型经济转型的需要，体现了我国工业化与城镇化互动发展的时代需求。从目标定位来看，国家级开发区集中定位于经济功能，旨在通过完善区域内投资环境、提升服务效能完成产业聚集。国家级城市新区则着眼于提升城市综合功能，通过改革创新引领区域的经济、社会、文化协调发展，与此同时，国家级城市新区有着强烈的辐射周边的区域性、国际化的政策意愿，例如浦东新区承担了建设大上海、引领长三角的功能，滨海新区承担了服务环渤海、我国北方对外开放的门户功能。从发展规模来看，国家级开发区的建设规模小于国家级城市新区。国家级城市新区大多包含国家级开发区。从管理体制来看，国家级开发区主要采用"管委会"模式，旨在能够使开发区"轻装上阵"，集中精力进行经济建设，其辖区内的社会事务主要交由所在行政区处理。

国家级城市新区中，浦东新区、滨海新区则经历了"新区建设领导办公室—新区管委会—行政区"的历史沿革，区级的党委、政府、人大、政协等一应俱全，其他国家级城市新区虽然沿用了"管委会"的管理模式，但实际上却承担了辖区内就业、医疗、养老、住房、助残等公共服务的职能。从行政级别来看，国家级开发区普遍低于国家级城市新区。开发区管委会是所在地设区市以上人民政府的派出机构，拥有同级人民政府的审批权限，国家级城市新区由国务院统一进行规划和审核，实质上拥有副省级管理自主权，而与城市新区所处区域行政级别无关。

二、国家级城市新区与经济特区比较

经济特区产生于 20 世纪 70~80 年代，我国共确立了深圳、珠海、厦门、汕头、海南 5 个经济特区，1992 年加快改革开放后经济特区模式转为国家级城市新区，上海浦东等国家级城市新区的开发开放成为新一轮改革的重要标志。以"国家级城市新区"而非"经济特区"的理念推进开发建设，决定了国家级城市新区不是一个功能单一的工业项目聚集地，而是在经济特区的基础之上，承担着更多的城市建设、社会建设以及提供基本公共服务的功能，进而推动中心城市空间布局和产业结构调整，带动引领整个城市群发展。我国设立国家级城市新区的政策意图在于：以国家级城市新区为增长引擎，推进中心城市转型升级，进而辐射更大区域的城市群建设。这也是国家级城市新区成为新的开发开放平台的根本原因。总体而言，经济特区的建设探索为国家级城市新区战略的推进提供了经验积累和创新基础，意味着我国经济发展模式探索和社会公共管理体制改革向纵深延续，成为全国范围内综合配套和专项领域深化改革新的试验区。

三、国家级城市新区与普通城市新区比较

城市新区是我国进入工业化、城镇化互动发展时期的产物，普通城

市新区是指未获得国务院文件批复的、由省市县级地方政府规划建设的城市新区。普通城市新区也可晋升为国家级城市新区，近年获批的国家级新区均为建设成效突出的普通城市新区。目前对于国内普通城市新区还没有权威的统计资料，相关研究散见于学者的研究论文、地方政府公报及新闻报道中。国家级城市新区的本质是城市新区，因其承担特殊的国家战略性使命而区别于普通城市新区。国家级城市新区一方面具有疏散中心城市人口、完善产业布局等一般意义上的城市新区的功能，另一方面还承担了引领区域经济增长乃至参与国际竞争的战略使命，是国家级的经济增长引擎和多项区域发展战略的共同支点。国家级城市新区与普通城市新区的具体区别表现如下：①在规划审批方面，国家级城市新区由国务院统一进行规划审核，一般城市新区则是由所在地省市人民政府进行规划，报国务院批准；②在国家层面上，经统筹考虑设立的城市新区，在政策、税收、特色产业聚集等方面获得特殊的优惠政策，比普通的城市新区获得更多的政策优惠资源，国家级城市新区实质上具有副省级的管理权限。

总的来说，国家级新区与其他类型经济区主要存在以下区别：

第一，国家级城市新区的战略定位要高于其他类型特殊经济区。国家级城市新区属于国家重大区域经济政策，比国家级经济开发区、高新技术开发区等其他类型特殊经济区的战略定位更高，这也使得国家级城市新区的数量要远少于其他类型特殊经济区。目前中国已设立了19个国家级城市新区，而国家级经济开发区、高新技术开发区等经过多轮扩容，截至2017年底已达219家和156家，远多于国家级城市新区。同时，国家级城市新区设立的门槛更高，国家级城市新区一般由国家、区域中心城市单独或者与其周边邻近城市联合设立，而国家级经济开发区、高新技术开发区等特殊经济区的设立则是面向所有城市开放的。

第二，国家级城市新区属于综合型的经济功能区，其规划面积、行政级别与经济规模都要高于其他类型特殊经济区。国家级经济开发区、高新技术开发区等特殊经济区则属于功能相对单一的产业集聚区，其经济管理权限与行政级别要低于国家级城市新区。中国已有的国家级城市新区的规划面积最小超过了 400 平方千米，最大超过了 2000 平方千米，而国家级经济开发区、高新技术开发区的规划面积最小只有几十平方千米，这使得国家级城市新区的经济规模要远大于其他类型特殊经济区。同时，国家级城市新区的行政级别要高于其他类型特殊经济区，国家级城市新区都具备副省级经济管理权限，除了经济管理职能外，部分成立较早的国家级城市新区（例如上海浦东新区与天津滨海新区），由于已经成立了建制政府，还需要承担一部分社会服务职能。

第三，国家级城市新区在政策供给方面主要以侧重内生制度创新的改革"先行先试权"为主，更加强调自下而上的制度创新，避免产生区域间恶性竞争的"政策洼地"效应。国家明确赋予了国家级城市新区承担"改革开放战略任务"的战略定位，因此国家级城市新区一方面要解决当前中国发展中面临的一些面上问题，另一方面还需要为国内不同区域面临的特殊问题探索改革方案，从而为全国改革提供可复制、可借鉴的经验。因此，国家级城市新区的内生制度创新能力要强于其他类型特殊经济区。

第四节 国家级城市新区发展的驱动因素及发展趋势

一、国家级城市新区发展的驱动因素

依据国家级城市新区的设立目的，国内许多学者认识到国家的发展战略与政策是驱动国家级城市新区发展的重要因素，并且将战略定位和

政策优惠等作为重要的研究对象。

(一)战略定位

吴昊天等（2015）认为国家级城市新区扮演着改革红利释放区、改革探索试验区、区域核心增长极、产城融合典范区、绿色生态宜居地的主要角色。而李云新、贾东霖（2016）通过对已有国家级城市新区总体方案文本的解读、比较、分析和归纳，认为国家级城市新区设立时间分布的层次性体现了改革从"摸着石头过河"走向全面深化，区域分布的战略性体现了国家区域发展从非均衡发展走向协调发展。鲁雯雪等（2016）则总结了一些对国家级城市新区设立的规律性认识：根据区域发展基础的不同，对国家级城市新区发展提出差异化要求；结合不同时期不同的国家发展战略重点，赋予国家级城市新区相应的战略任务；赋予多个国家级城市新区相同的发展战略任务。

(二)优惠政策

除了宏观层面的战略推动外，还有众多学者从微观层面比较研究国家级城市新区的优惠政策。如吴志鹏通过对浦东新区、滨海新区与两江新区的财政政策、税收政策、海关政策、用地政策、金融政策进行比较发现，国家层面对于不同国家级城市新区在不同的政策支持中力度有差异：重庆"两江新区"得到国家政策支持的力度最大，即获得西部大开发优惠政策、统筹城乡综合配套改革先行先试政策以及比照浦东新区和滨海新区的开发开放政策三大优惠政策的叠加支持。具有代表性的还有朱江涛发现国家级城市新区的政策优势逐渐减弱，在浦东新区设立之初，中央给予位于浦东新区的外资企业提供"五免五减半、二免三减半"等减免税政策，赋予地方政府更大权力；在天津滨海新区成立初期中央也在一定时期内予以专项补助。但是 2014 年国务院发布的《关于清理规范税收等优惠政策的通知》（国发〔2014〕62 号）要求：严格禁止各种越权税收减免，统一税收政策制定权限，切实规范各类税收等优惠政策，逐步对税费优惠政策进行清理。宏观政策的调整使西部国家级城市新区在政策上趋于均等，特别是对国家级城市新区发展具有重要意义的财政、税收等专项优惠政策的吸引力正逐渐减弱，国家级城市新区政策红利渐失。也有部分研究提出了谋求优惠政策叠加、形成投资洼地是国家级城市新区发展的重要经验的观点。

上述研究仅关注了国家级城市新区本身所获得的优惠政策，未能将国家级城市新区作为各类功能区的复合体和国家战略的承载体进行分析。近年来，有学者阐释了国家级城市新区在政策叠加方面的多层次性，认为国家级城市新区是支点型战略功能区，与其他各类型功能区和区域战略共同构成了区域发展的"政策链"。但目前仍需进一步阐释各种政策资源是以何种机制对国家级城市新区的发展起驱动作用的。

（三）权力体系

相比政策因素，很多学者也关注到权力体系对于国家级城市新区发展的积极作用。如王佳宁等（2017）认为，国家级城市新区管理体制与功能区有着密切的关联。以浦东新区为例，在管理体制对功能区发挥作用的同时，功能区的发展也对行政管理体制起反推作用。认为功能区的飞速发展倒逼行政管理体制改革，从而推进加强国家级城市新区对功能区发展的统筹力量。丁友良（2013）则通过对浦东、滨海与两江新区的行政体制进行比较，总结出了几个新区在不同发展阶段行政体制的不同特点；并且对国家级城市新区内部如何协调功能区与行政区权限，如何实现经济治理和社会治理功能，都通过具体的行政体制案例给予了回答。王陈伟等（2016）通过对上海浦东新区、天津滨海新区、重庆两江新区、贵州贵安新区及甘肃兰州新区的土地管理体制的比较分析，归纳出几个城市新区在土地管理方面的共同点，如赋予新区相对充分的国土管理权限，实行土地用地指标计划单列等。王佃利等（2016）直接把国家级城市新区的建设过程看成行政关系调整、适应乃至关系网络重构的过程，他认为，不同国家级城市新区的内外部行政关系呈现差异化形态，在管理体制方面表现得尤为鲜明。国家级城市新区作为一种区域发展的战略载体，通过管理体制的变革有力支撑了其功能的嬗变。这些研究表明国家级城市新区发展中的权力配置和体制建构具有特殊性。但是对于行政体制和权力配置如何驱动国家级城市新区发展的动力机制缺少解释。

二、国家级城市新区的发展趋势

国家级城市新区与改革开放以来先后出现的经济特区、国家级开发区等功能区战略一脉相承，但是国家级城市新区发展的内在动力是改革和创新，国家级城市新区战略的推进显示我国从开发区的"单一生产"的园区型经济，向多功能"生产、服务、消费"的城市型经济的纵深拓展，普通城市新区因其经济社会基础、区位、体量等限制无法承载国家级新区的全局性战略使命。未来我国将形成以国家级城市新区为龙头、以国家级开发区为骨干、以普通城市新区为支撑的总体城市功能区战略格局。展望未来，国家级城市新区的发展总体将呈现以下特点：

第一，国家级城市新区扩容速度加快，城市新区布局的重点为区域性中心城市。近两年来，国家级城市新区批复速度明显加快，未来我国每个城市群将会布局 2~3 个国家级城市新区，总量将达到 50 个以上，而那些区位优势明显、产业引领作用突出、人口及环境承载力良好的普通城市新区将优先获批为国家级城市新区。

第二，国家级城市新区的战略定位将从立足全国转向推动区域发展。早期获得批复的浦东新区、滨海新区、两江新区等均属立足全国层面的综合配套改革示范区，近年获批的国家级城市新区则主要属于区域层面的专项试点改革试验区，显示出未来国家级新区的定位从综合改革到专项改革、从立足全国到推动区域发展的趋势。

第三，国家级城市新区将成为经济新常态下引领经济发展的新引擎。从国家级城市新区经济发展实际运行来看，各国家级城市新区自成立以来，依靠国务院赋予的"先行先试"特殊政策，迅速成为所在省、市乃至全国经济增速最快的地区。未来国家级城市新区将成为经济新常态下区域发展的新引擎。

第四，国家级城市新区将成为我国一项新的区域发展战略。国家级城市新区早已有之，但其正式成为一项战略则是在我国经济进入新常态的背景下形成的。早期的浦东、滨海两大国家级城市新区在全国层面的改革示范作用直接推动了"国家级城市新区"作为一项整体战略纳入我国的宏观政策视野，而近年国家级城市新区的密集批复呼应了经济新常态下我国积极拓展区域发展新空间的战略诉求，标志着我国将"国家级城市新区"作为一项区域整体推动战略思路的日益成熟，未来国家级城市新区将在新的历史时期发挥更大的改革引领示范作用。

第二章
城市新区建设

第一节　国外城市新区建设的理论与实践

一、国外城市新区建设理论

国外城市新区建设理论，主要分为三个阶段：早期探索阶段；理论准备；理论发展。

（一）新城规划理论的早期探索

16世纪初期，托马斯·摩尔提出了空想社会主义的"乌托邦"（即乌有之乡、理想之国），主张废弃财产私有制，建立公共食堂、医院等。到18世纪下半叶，欧文和傅里叶进行了"协和村"的建设。1887年英国商人兄弟在郊区开发土地，兴建了"阳光村"，相继德国、美国、澳大利亚等国家都进行了类似的"田园村"的建设。空想社会主义整个思想的出发点是考虑到广大人民群众的生活问题，构建一个更合适人们居住的环境。这些设想在资本主义社会的大背景下，注定是失败的。但是作为一个早期的探索，它的一些思想成为了后期"田园城市""卫星城"等城市规划理论的渊源。今天看来，这些思想的提出真实地反映了当时人们对美好生活的追求和向往，提出者的出发点主要落在了"以人为本"上，这也正是当今城市建设的主要目标。

（二）20 世纪初至第二次世界大战时期的新城理论准备

1. 田园城市（Garden City）

田园城市理论是由英国人埃比尼泽·霍华德（Ebenezer Howard）在 1898 年出版的《明日：一条通向真正改革的和平道路》一书中提出的，其可以说是近百年来城市规划史上最重要的思想之一。埃比尼泽·霍华德构建了一个由占地 1000 英亩（约合 405 平方公顷）的城市和四周 5000 英亩农田构成的区域，人口控制在 32000 人的理想田园城市模型。从内向外分别按圈层布置公共设施、居住条件等，主要交通由环状放射性的道路组成。这一理论影响深远，在欧洲乃至世界范围内得以推广，欧洲大部分国家建设了类似的示范性城市。"田园城市"在当今看来是一种可望而不可即的理想城市模型，在这个寸土寸金的时代，在这个农村慢慢被城市"吞噬"的年代，城市和农村的结合显然很难实现；但是随着城市扩张、生态环境破坏、大城市问题等的出现，人们意识到这种城市发展的道路走不通时，"田园城市"将成为我们今后城市建设的目标。

2. 卫星城市（Satellite Town）

霍华德田园城市理论对美国学者泰勒的影响较大，1915 年泰勒在《卫星城镇》一书中提出了"卫星城"这一概念，其主要针对已经集聚形成的城市进行疏散，1924 年在阿姆斯特丹召开的国际城市规划会议上通过了卫星城市的决议。虽然业内对卫星城有不同的定义，表达的思想不尽相同，但都强调与"母城"之间的联系，都是为了缓解"母城"由于人口增加而带来的一系列压力。所谓"卫星城"，主要是借用了宇宙间卫星和行星的关系。"卫星城市"是对新城发展的概括，在不同的时代背景下，对于卫星城市的建设是一个动态过程，是一个逐渐走向成熟新城的过程，根据"母城"的实际发展需要，根据当时的政治、政策背景，卫星城呈现出不同的建设面貌，但是经过时间的验证，卫星城市对于解决大城市问题起到了重要的作用。

3. 有机疏散理论（Organic Decentralization）

1918 年芬兰的规划师伊利尔·沙里宁为了缓解城市过于集中的问题提出了"有机疏散"理论。他的主要思想是：城市犹如生命机体，应该是有秩序的，对城市功能的合理布局应该是重工业和轻工业疏散到城市外围，日常活动需要的功能应集中布局，偶然活动也应分散出去，空出来的土地做绿化。伊利尔·沙里宁按照有机疏散的思想对大赫尔辛基做了规划方案。有机疏散理论的前瞻性为今后欧美各国城市的建设起到了重要的指导作用。当今的城市建设重"疏散"，城市空间无序跳跃式发展，而忽略了"有机"的重要性。

（三）世纪之交时期的新城理论发展

战后的城市规划理论主要是对前期理论的一种延伸，面对经济、环境、能源等问题，国外城市的发展出现了新的形式，形成了新的思想，具有代表性的有可持续发展、新城市主义和精明增长理论。

1. 可持续发展（Sustainable Development）

1992 年在巴西里约热内卢召开的世界环境与发展大会中确立了"可持续发展"的概念："既满足当代人的需求又不危及后代人并且可以满足其需求的发展"。其包含了两个关键的组成部分："需要"和对需要的"限制"，它对城市新区建设具有一定的指导作用，尤其面对地球资源的日益匮乏，更可以体现出可持续发展所具有的重要意义。

2. 新城市主义（New Urbanism）

新城市主义是 20 世纪 90 年代初提出的一个新的城市设计运动，针对传统城市蔓延式的发展，它提出的解决办法是：营造具有浓厚生活氛围、满足居民各种生活条件的紧凑型新社区，但同时也要保持旧区的原有面貌。其主要理论有传统邻里开发（TND 模式）和注重使用公交的邻里区开发（TOD 模式），两种理论主要提倡在城市的郊区采取一种有节制的、公交导向的"紧凑开发"模式。

3. 精明增长（Smart Growth）

精明增长的概念在 1997 年由美国马里兰州州长 Glendening 提出，美国规划协会对其的定义是："努力控制城市蔓延，规划紧凑型社区，充分发挥已有基础设施的效力，提供更多样化的交通和住房选择。"精明增长是一种在提高土地利用效率的基础上控制城市扩张、保护生态环境、服务于经济发展、促进城乡协调发展和人们生活质量提高的发展模式。这一时期的理论，是针对当今城市问题而提出的一些解决方法，更具有现实的指导作用。尤其对于我国这种人多地少的国家，这种可持续的城市发展模式、紧凑的空间布局形式以及土地的高效利用方式应用于指导我国的新城开发建设。

二、国外城市新区建设实践案例

（一）法国马恩拉瓦莱新城

1. 马恩拉瓦莱新城概况

在地理区位方面，马恩拉瓦莱位于巴黎以东约 10 千米处，占地面积 152 平方千米，整体城市呈线型分布，东西长 22 千米，南北宽 3~7 千米，涵盖了 3 个省的 26 个市镇，其城市规模在巴黎新城中最大，并且发展最快。在交通方面，联系国际两大机场的公路从其内部穿过，SNCF 的两条铁路从巴黎出发途经新城的南北两侧，还有 RER（区域快铁）的 A 号线从西到东横穿新城，从而为新城和老城区的联系提供了便利的条件。

2. 马恩拉瓦莱新城规划建设特点

城市空间布局：采用葡萄串状不连续的空间布局形式，沿交通线路发展，绿色空间进行分隔，具有一定的特色：

（1）交通体系：新城内部和新城与巴黎之间主要用公共交通进行联系，另外主要的出行方式是私人交通。

（2）布局模式：以 RER（区域快铁）车站为中心，圈层状由中心向外发展，由内到外依次布置公共服务设施、住宅区、企业，城市边缘区是由低密度住宅和自然空间构成，这种布局模式提高了人们的便利性，可以在短时间内到达居住和工作的地点。

（3）建设方式：马恩拉瓦莱新城的分区建设方式，经过30年的实践，具有一定的合理性，对今后许多新城的规划起到重要的借鉴意义。在此，对其四个分区在建设时间、建设面积、人口规模、建设特点和规划的不足之处进行了汇总（见表2-1）。

表2-1 马恩拉瓦莱四个分区分析

城市分区	建设时间	建设面积（平方千米）（2006年）	规划人口（万）（2006年）	建设特点	规划不足
巴黎之门	20世纪70年代初	21	10.66	● 交通发展带动 ● 第三产业发达，配套设施齐全，在巴黎东郊区域占有重要的地位	● 开发速度过快，强度过大，新老城区衔接不当削弱了区域整体性 ● 新的理论技术运用过多 ● 社会住宅占据比例较大，就业和居住不平衡
莫比埃谷	20世纪70年代中期	38	8.66	● 自然优势被充分利用，居住环境良好 ● 产业园区、研发中心等相继在新城落地，提供良好的科研环境 ● 城市在发展过程中具有明确的功能定位	● 科技产业园区域的配套设施不足 ● 现有的生活环境和质量有待提升
比西谷	1985年	61	7.42	● 在原有市镇基础上发展起来 ● 主要职能是以知识经济生产为特征的新型企业 ● 采用几何形的路网结构 ● 将绿化引入城市建设空间中 ● 在住宅的建设上更加突出人性化和多样化的特点	—
欧洲谷	1987年	32	4.05	● 三产就业岗位比重高达99.5% ● 国家、地方和迪斯尼公司三方投资建设 ● 配套服务设施相对健全	—

3. 马恩拉瓦莱新城建设的经验总结

首先，在区域大环境下进行规划建设，新城的规划建设与巴黎区域的发展紧密结合，在区域现有的基础上进行建设，从区域整体的定位考虑，确定新区的发展方向和建设重点。

其次，结合实际的规划进行创新，充分利用已有的城市建设和自然资源，在此基础上创造新的城市环境，依附交通条件形成的葡萄串状的布局模式是一次大胆的尝试，使得新城布局具有一定的灵活性和创新性。

最后，灵活开放的管理模式，巴黎新城所采取的重点建设新区中心、多方投资、多方管理合作和大型项目带动等发展模式是使其城市获得成功的重要因素。

（二）新加坡新城建设

1. 新加坡新城建设概况

新城建设的成功实例，不得不提及新加坡，虽然其和大城市周边建设的新城在量级上不具有可比性，但新加坡在用地布局模式、轨道交通的网络构建以及住宅建设等方面都是值得我国新城建设时学习的。新加坡是一个全国土地面积仅 600 多平方千米的城市国家，其新城的建设可以追溯到 20 世纪 60 年代初，为了解决城市居民的居住问题而在距离市区 6 千米处开始了首批大规模的低标准住房建设，之后政府又颁布了一系列鼓励政策使得中低收入的人群可以住进政府建设的房屋中；到 60 年代末，在距离市中心 10 千米处，建设了第二座新城，其规模为 18 万~20 万人，这期间新城建设的主要任务是对居住配套设施的完善，更加集约化地利用土地；80 年代新城建设到了高速发展时期，确定了新镇结构模型，并且从注重功能转向了新城建筑的创新与特色，同时交通的快速发展使得新加坡各座新城之间联系更加便捷，彼此间既相互统一又相对独立；90 年代新加坡新城建设逐步走向完善，更注重住宅样式的多样化和生活品质的提升，构建完整的公共交通系统，强化公共服务设施和基础设施的辐射能力，使得新城可以更好地发展。

2. 新加坡新城的建设经验总结

首先是多中心空间体系的构建。1971 年，新加坡确定了"环状城市"的规划理念，为其今后城市空间发展奠定了基础，整体呈现出一定的层次性，有主有次，使得区域整体结构稳定，可以根据不同时期的发展适时地做出调整，避免土地的浪费，对于新加坡这样一个土地稀缺的国家，采取这样的结构体系具有一定的前瞻性。

其次是轨道交通引导下的新城发展。新加坡以轨道交通为主导，并且与多种公共交通方式共同承担了城市的出行，成为新加坡解决城市发展问题的有效途径。从宏观、中观、微观建立起的交通系统，使得城市的各个区域与交通站点能够紧密结合，有效利用交通建立新城的城市体系，以此解决大城市出行拥挤、市内基础设施压力过大等城市问题，这也正是我国大城市所面临的问题，新加坡已经让我们看到了轨道交通解决城市问题的可行性和有效性。

第二节 我国城市新区建设的理论与实践

一、我国学者对国外城市新区建设理论的引介

由于我国城市新区的发展相对于发达国家起步较晚，大多相关理论多是对外国理论的引介和发展，其基本观点见表 2-2。

表 2-2 国外城市新区建设理论汇总

主要方面	人物	年份	主要研究
新城区的综合性论述	邢海峰	2004	在《新城有机生长规划论 工业开发先导型新城规划实践的理论分析》中主要以天津泰达为案例从微观和宏观层次进行分析，并且针对新城有机生长的成因与模式、促进新城规划优化等方面提出了具体的策略

主要方面	人物	年份	主要研究
新城区的综合性论述	傅崇兰	2005	在《新城论》一书中通过对国外新城的经验总结，和我国新城发展相关问题研究，对北京新城的空间发展、开发建设机制、融资投资方式和珠海金湾新城规划建设的产业布局、基础设施、土地利用运作方式等专题研究，最后提出具体的策略
	张捷、赵民	2005	在《新城规划的理论与实践——田园城市思想的世纪演绎》中首先系统介绍了新城的理论渊源，其次对发达国家新城的建设做了详实的介绍，最后归纳国外新城对中国新城发展的启示，并且对我国新城的类型进行划分，以及我国新城建设的若干原则
	王圣学	2008	《大城市卫星城研究》一书主要是写如何通过建设卫星城来控制大城市中心区无限制扩张，如何规划建设卫星城来促进大城市继续健康发展，从而推动区域城市化发展所做出的初步探索，并且结合西安实际案例进行研究
	刘世能	2012	在《谋划新城》一书中以大量的咨询研究项目为基础，按照问题导向的研究思路，本着解决实际问题的研究态度，试图总结出一套较为完整的新城谋划体系
新城的成长模式与动力机制	李翅	2006	在《走向理性之城——快速城市化进程中的城市新区发展与增长调控》一书中首先讨论新区发展的特点与动因，提出问题；其次通过对各国新区发展与建设的理论方法与实践进行比较，寻求新区发展的经验启示，之后讨论新区发展的战略决策；最后通过有效的管理制度和规划调控手段，形成区域协同发展的整体结构
	张静	2007	博士论文《大城市理性扩张中的新城成长模式研究》通过杭州新城的城市建设、产业发展、管理变革等角度来探索新城的成长模式
	梁宏志	2010	博士论文《城市新区建设开发模式研究》中提出了政府主导下的政治、经济、社会、生态四维以及和谐建设开发的全新模式，并且对佛山东平新城的开发模式进行了分析
	李建伟	2012	博士论文《空间扩张视角的大中城市新区生长机理研究》通过对城市新区空间生长的分析与模拟，提出设立城市新区最佳时机的"反波浪"理论模式、城市新区区位选址的基本流程、城市新区规模预测的计算模型、城市新区功能定位方法体系以及相应的调控模式
对国外新城规划的经验总结	刘健	2002	通过对巴黎新区建设的回顾，认为新城社会结构的形成与完善并非一朝一夕的事，由于较早认识到区域整体发展的重要性并关注新城建设，巴黎的繁荣才能得以持续，才使其更具国际竞争力
	朱东风、吴明伟	2004	对战后西方新城从问题目标和政府职能、新城规划与新城开发、产业动力与新城发展、发展中的社会问题、空间形态与设计研究五个方面进行研究总结
	王安庆	2007	从美国政府角度开发新城区的过程探讨美国新城区开发失败的经验教训，并且指出在新城区开发建设过程中要充分发挥政府的引导作用，及早规划，准确定位城市发展方向等

主要方面	人物	年份	主要研究
对国外新城规划的经验总结	蔡筠	2008	对法国新城的住宅政策进行了研究，在回顾了法国住宅政策的演变基础上，从政府、社会经济、政治背景等方面对法国新城住宅建设进行剖析，并对中国的新城建设提出借鉴和总结
新城空间发展规律研究	杨卡、张小林	2008	对南京市郊区新城住区的空间演变与分化做了探索，总结出新城区居住空间的基本形态和空间分异特点，对新城区居住空间规划提供了指导意见
	段进	2010	在《当代新城空间发展演化规律——案例跟踪研究与未来规划思考》一书中从用地形态演化、立体空间形态与空间自组织、城市规划实效性以及空间四个方面对宁波鄞州新城区展开研究
新城与主城区关系探讨	王宏远、樊杰	2007	研究了北京城市发展阶段对新城建设的影响，提出北京新城规划建设中的难点问题，包括新城在发展机遇和居住环境上处于劣势、新城的产业发展将吸引大量外来劳动力、现代服务业的发展将加大北京的就业压力、新城的服务功能仍需依赖中心城等
	张学勇	2011	博士论文《我国大城市地区新城成长与主城共生策略研究》中通过引入生物群落"共生观"的研究视角及在具体城市成长内涵界定基础上，构建了新城不同成长阶段与主城实现共生理念作为我国新城可持续发展的研究方向，围绕这一论点进行新城成长内涵共生策略探讨
新城规划的方法与策略	傅丽华	2006	通过总结国内外经济技术开发区的发展实践与经验，结合杭州市下沙新城的发展轨迹，提出了下沙新城的规划思路
	吕扬	2010	硕士论文《大城市空间扩展中的产业新城规划对策研究——以天津市武清新城为例》中在理论研究和实证分析的基础上，对天津市武清新城进行现状分析，提出影响产业新城规划的主要因素，并从用地功能、空间组织、交通网络系统、人居环境、外部地域空间结构五个方面提出了武清新城规划优化对策

二、我国国家级城市新区建设实践历程

中国的新城新区已经构建成一个系统。其中，国家级城市新区是龙头，高新技术产业开发区、经济开发区是两翼，其他各类型的新城新区是重要的支撑力量与组成部分。截至目前，我国有 19 个国家级新区，552 家国家级开发区。其中，国家级开发区中经济技术开发区数量最多，达到 219 家；高新技术产业开发区和海关特殊监管区，数量分别为 156 家和 135 家；边境、跨境经济合作区与其他类型经济区则数量较少，分

别为 19 家和 23 家。宽泛意义上，地级城市以上其他类型的新城新区总计 3000 个。国家级城市新区是新城新区体系的龙头，研究国家级城市新区对于整个新城新区来说，都具有重要意义。国家级城市新区与改革开放、现代化建设进程密切相连。如果从 1992 年设立上海浦东新区开始算起，国家级新区已经走过 30 年，大致经历以下四个阶段：

第一阶段（1992~2009 年），为落实深化改革、实行对外开放的重大部署，国家批复上海浦东新区和天津滨海新区，形成了今天国家级城市新区体系的龙头。

第二阶段（2010~2013 年），为培育新的区域增长极，国家在内陆、东部沿海、西北、南粤布局，相继批复成立重庆两江、浙江舟山群岛、甘肃兰州和广东广州南沙 4 个新区。

第三阶段（2014~2016 年），为引领经济发展新常态，优化国家级城市新区布局，国家有关部门进一步完善国家级城市新区设立管理办法和支持政策，国务院相继批复了 12 个国家级城市新区，其中 2014 年、2015 年各批复 5 个国家级城市新区；2016 年后批复长春新区、赣江新区。

第四阶段（2017 年 4 月至今），批复雄安新区。将雄安新区提到与深圳经济特区、浦东新区同等的高度。雄安新区要建设非首都功能疏解集中承载地，是千年大计、国家大事。

回顾国家级城市新区的发展历程，可以形成如下基本判断：一是国家级城市新区重大布局基本结束；二是形成了大规模的存量发展资源；三是受各种因素影响，国家级城市新区发展出现了差异化、分化现象；四是以浦东新区为龙头，引领国家级城市新区再出发；五是雄安高度、雄安质量引领国家级城市新区建设模式的转变；六是国家级城市新区面临重大使命、重大机遇、重大挑战。

从 2020 年到 21 世纪中叶即 2050 年，中国将要建成社会主义现代化强国，国家级城市新区也将迎来新的 30 年。如果从前后 60 年的历史来看，国家级城市新区主要又分为两个阶段：前 30 年基本完成重大布局；

后 30 年主要任务是释放潜能、激发动能，实现引领。

目前，除已经设立的 19 个国家级城市新区外，还有一些地方在积极申报国家级城市新区，包括武汉长江新区、合肥滨湖新区、杭州大江东产业聚集区、沈阳沈北新区、郑州郑东新区、石家庄正定新区、南宁五象新区、济南黄河新区、襄阳东津新区、中山翠亨新区、唐山曹妃甸新区、乌鲁木齐新区等。目前大规模批准国家级城市新区的时代已经过去，未来仍会有高质量的国家级城市新区获得批准。待批的国家级城市新区与现有国家级城市新区所面临的任务是面向 2050 年的新思考。

第三节　城市新区建设的经验启示

一、明确建设目标和规模

城市新区在短时间内快速发展并形成一定的规模，对其目标的确定是至关重要的，明确的目标可以使城市新区有计划、有重点地开展建设，避免出现多处开花不结果的现象，从而避免土地和资源的浪费，这是各国城市新区建设的重要经验。城市新区规模的选择也是创新社区未来发展的关键，城市新区的规模往往不宜过大，以国外的经验来看，基本确定在 20 万~25 万人口为宜，对于我国这种人口大国来说，应根据实际情况确定城市新区合理的人口规模。

二、提供良好的政策法律环境

我国城市新区建设与西方发达国家比较，处于相对不够成熟的阶段，相关法律的建设还很不完善，缺少强有力的行政推动和政策保障。根据各国城市新区建设经验，城市新区建设需要有法律的保障和良好的政策环境，根据明确的法律来规范城市新区建设中出现的种种问题，政府对城市新区建设不仅要有宏观层面战略性规划指导，更要有微观层面上具体的财政金融、产业发展等优惠政策。

三、拥有完备的配套设施和宜居的生活环境

城市新区在公共服务设施和基础设施上较老城区有明显的优势，其完备的生活服务配套设施和良好的生活环境是吸引人口居住的前提条件。西方发达国家在新城开发中，将生活服务配套设施与住房一起进行规划建设，生活在新城的居民在新城内即可以满足生活的基本需求，不必再往返于老城区，以此可以留住更多的居住者，从而提升新城的人气。从现今国外城市的理论研究主要倾向于居民生活质量的提升，可以看出城市环境对于城市建设的重要性。在生活品质上突出"宜居"，正是现今城市新区建设中追求的重要目标。

四、城市性质综合化、职住均衡化

许多城市新区在建设后出现了"有城无业"或"有业无城"的现象，出现这些问题主要是由于在规划初期对新城的城市定位出现偏差，产业、商业、娱乐、居住建设不平衡，吸引不了足够的人口入住，因此，在新城建设时要注意均衡发展的重要性，主要体现在：人口与就业岗位的平衡，不同群体和阶层的平衡，新城自身功能的平衡，人与自然环境的平衡等。

五、提倡"绿色交通"发展

现今城市交通拥堵现象十分严重，公共交通作为解决之道已使得许多城市的交通拥堵得以缓解。根据国际经验，城市新区多数距离中心城区十几到几十千米，以小汽车为主的交通方式大大增加了两城之间的交通压力，由于轨道交通的容量大、方便快捷、节能环保等优点，轨道交

通应成为城市新区对外交通的优先选择。在新城城区内，应以"绿色交通"出行为主，包括公共汽车、轻轨、地铁以及自行车交通、步行交通等，居民根据新城的实际规模选择合理的公共交通出行方式。

六、规划建设中注重城市文脉的传承

新城因缺乏人气最后落成"空城"甚至"鬼城"的例子比比皆是，从国内外新城建设的成功案例中我们可以看到，城市的建设不仅是物质条件的建设，更是不可或缺的精神条件的建设。当我们来到一座城市的时候，我们最想看到的并不是楼建多高、路多宽、广场多大，而是那些能够体现城市特色、文化内涵的因素。国外的新城建设与我国本质上的不同之处主要体现在其对城市文脉的尊重、对城市文脉的延续。

第三章
城市新区建设基础

第一节　城市新区建设的理论基础

新城建设理论源自英国社会学者埃比尼泽·霍华德的"田园城市"理念。1902年埃比尼泽·霍华德提出建设"田园城市"的主张，力图寻找一条化解大城市矛盾的城市发展新路径，协调城市与乡村、人与自然的关系。"田园城市"成为新城建设理论的初始。1918年，奥斯本首次提出"新城"概念并充实了"田园城市"思想。此后，新城建设成为城市规划理论的重要内容。伴随着城市规划理论的演进，新城建设理论在建设理念、指导思想、决策方法、发展趋势等方面得以充实和丰富并指导实践。新城建设理论主要包括以下四个：

一、增长极理论

（一）增长极的概念

增长极概念最初是由法国经济学家弗郎索瓦·佩鲁（Francois Perroux）提出来的，他认为，如果把发生支配效应的经济空间看作力场，那么位于这个力场中的推进性单元就可以描述为增长极。增长极是围绕推进性的主导工业部门而组织的有活力的高度联合的一组产业，它不仅能迅速增长，而且能通过乘数效应推动其他部门的增长。狭义的经济增长极有三种类型：一是产业增长极，二是城市增长极，三是潜在的经济增长极。广义的经济增长极指凡能促进经济增长的积极因素和生长点，其中包括制度创新点、对外开放度、消费热点等。增长并非出现在所有地方，而是以不同强度先出现在一些增长点或增长极上，这些增长点或增长极通过不同的渠道向外扩散，对整个经济产生不同的最终影响。他借喻了磁场内部运动中磁极最强这一规律，称经济发展的这种区域极化为增长极。另外，根据经济增长极的形成路径，还可以分为自发的经济增长极和由计划建立的诱导性经济增长极两种类型。

弗郎索瓦·佩鲁（Francois Perroux）提出，增长极理论强调经济增长的基本事实是：增长并非同时出现在所有的地方，它以不同的强度先出现在一些点或增长极上，然后通过不同的渠道向外扩散，并对整个经济产生不同的终极影响。由于经济资源是稀缺的，经济增长并非一开始就遵循均衡路径，而是先发源于少数几个增长极，通过增长极的极化效应和扩散效应带动区域经济发展。增长极理论在我国是影响最大的一种区域发展理论，对我国区域经济发展的相关理论和政策制定都产生了深远影响。增长极理论对于经济资源稀缺的不发达地区有很强的现实意义，它要求我们在发展区域经济时不能采取"遍地开花"式的全面发展方式，而应该选择若干条件较好的城市重点发展，运用政府干预的手段，集中投资、重点建设、集聚发展、注重扩散，通过由点及面的方式促进区域经济整体发展。

（二）增长极的判定

基于国内外研究，增长极不仅是经济空间的概念，也是地理空间的概念。它不仅利用了地理空间的区位优势，也利用了经济空间的优势，吸引了生产要素向其集聚，形成优势产业，进而成为区域上的主导产业，在地理空间和经济空间中通过效率的提升，实现经济规模的扩张和创新能力的提高，然后将获得的区域优势扩散到周边地区，带动整个国家经济发展。伴随着国家经济发展，各个地区的经济地位是会发生变化的。

有些城市空间的增长极可能会延续，也可能会消失，同时还会出现新的增长极，这是因为它们在地理空间和经济空间中的优劣势发生了转变。这种转变表现为增长极会轮流更替带动国家经济发展。这主要是因为该区域生产效率的变化带动了该地区经济规模的变化和创新能力的变化。该地区经济规模的变化和创新能力的变化既可直接表现为推动该地区的增长极形成，也可表现为在地区上某个产业经济规模的扩张和创新能力的迅速提高，从而通过产业结构变动效应，间接地促进了该地区增长极的形成。区域生产效率的变化主要表现为所在城市区域工业效率的变化。工业效率的变化，引发产业体系和主导产业的变化，进而引起区域增长极的形成和消失。

在地理空间上，不同地区存在着不同的地理条件、自然条件资源和人力资源条件上的先发优势。有些地区利用了先发的生产要素，形成了高效率的产业体系和主导产业，但是随着时间的推移，由于没有培养高级生产要素，无法形成新的以及更先进、更高效率的产业体系和主导产业，自然而然会从增长极中退出。有些地区没有先发生产要素，但后来形成高级生产要素，或形成先进高效率的产业体系和主导产业，形成增长极。还有些地区利用先发要素形成高效率产业体系和主导产业，形成了增长极；同时培养新的高级生产要素，实现原有产业的更替升级，形成了更高效率的产业体系和主导产业，维持了增长极。

经济空间上的优势是指地方政府将中央政策优势变为本区域的产业优势。有些地区很好地利用了国家政策，结合地方资源优势和区位优势，形成了符合本地经济发展的属地化的地方政策，从而促进本地产业发展，形成有效率的产业，增强了地方形成高效率产业体系和主导产业的优势，有助于形成增长极。有些地区没能将国家政策和地方优势有效结合起来，削弱了地方形成高效率产业体系和主导产业的优势，从而不利于该区域形成增长极。

从增长极概念出发可以总结出增长极的四个特征：①增长极能够实现自身快速增长。增长极增长速度要高于给定空间增长速度。而增长极之所以能实现自身的快速增长是因为增长极有高于周围空间的人力资源、固定资本、货币资本和技术等生产要素和创新吸引能力。增长极之所以对生产要素和创新有较高吸引力是因为增长极具有高于周围空间的收益率。②增长极具有高于给定空间的人均收入水平。正因为增长极对生产要素和创新有较高的吸引力，也就意味着增长极劳动力工资水平和资本收益率要高于周围空间，相应地，增长极人均收入水平也高于周围空间。③增长极对国民经济具有很高的贡献率。增长极由于与周围空间存在着相互依赖、相互关联的经济联系，能够通过这种经济联系将人力资源、固定资本、货币资本和技术等生产要素和创新输出到周围空间，进而推动整个国民经济的增长。④增长极会随着时间和空间的变化而变化。唯物辩证法认为万事万物都是在运动和变化着的，增长极亦是如此。增长极是在给定时间和空间下形成的，当时间和空间发生变化时，增长极就会发生变化，增长极会随着时间和空间的变化而变化。如果研究全国的增长极，就要以全国为研究对象，考察哪些城市是全国的增长极，这些城市就是国家级增长极。如果要研究某地区的增长极，就要以某地区为研究对象，考察哪些城市是该地区的增长极，这些城市就是区域级增长极。如果要研究某地区某个省份的增长极，就要以某地区某一省份为研究对象，考察哪些城市是该省份的增长极，这些城市就是省级增长极。在一定条件下，一座城市可能同时是省级增长极、区域级增长极和国家级增长极。在时间变化、空间给定的情况下，研究对象不变，增长极也会发生相应变化。有些城市前期是增长极，但是现期不是增长极；有些城市前期不是增长极，经过发展，成为增长极；有些城市前期是增长极，现期虽然仍然是增长极，但是增长极所处的层级发生了变化。在时间给定、空间不变的情况下，研究对象不变，不同增长极所处层级不同。虽然同是增长极，但是不同增长极对研究对象经济的贡献度存在高低差异。贡献度越高，增长极所处的层级越高。贡献越低，增长极所处的层级越低。当几个增长极对研究对象经济的贡献大体一致时，几个增长极所处的层级相同。

综上所述，增长极具有能够实现自身的快速增长、高于给定空间的人均收入水平、对经济增长具有很高的贡献率、随着时间和空间的变化而变化四个特征。

（三）增长极的产生条件

事实上，并不是所有的经济区都能形成经济增长极，也不是经济规模越大就越有可能成为经济增长极。佩鲁认为经济增长极的形成需要一定的初始条件：一是该地区存在大量的具有创新能力的企业和企业家群体；二是该地区具有一定规模的经济效应；三是该地区具备了适宜的经济增长环境。

一般而言，在区域经济发展的具体实践中，形成经济增长极通常需要以下四方面的基本条件：①具备良好的历史、区位和资源禀赋条件。通常情况下，具有较长的历史、优越的空间区位和丰富的资源禀赋的地区，能够在短期内快速集聚区域生产要素，生产出高附加值的产品，实现规模经济，从而有利于促进区域经济增长极形成。②存在推进型的主导产业部门。经济增长极是围绕推进型的主导产业部门而组织的有活力和高度联合的一组产业，不仅自身能够快速增长，还能通过乘数效应带动其他部门的增长。③具有较好的规模经济效应。即经济增长极需要具备相当规模的资本、技术和人才存量，通过投资逐步扩大经济规模，提高技术水平和经济效率，形成规模经济。④具有适合经济发展与人才创新的外部环境。一方面包括便捷的交通条件、完善的基础设施等"硬"环境；另一方面还包括高效率运作的地方政府、合适的经济政策、公平竞争的法律制度，以及有力的人才引进措施与培养等"软"环境。

（四）增长极理论的核心要义

1. 经济增长的不平衡性要求培育经济增长极

增长极理论是 20 世纪 40 年代末和 50 年代西方经济学家关于一国经济平衡增长抑或不平衡增长大论战的产物。增长极理论认为，一个国家（地区）经济增长在区域间的不平衡性是不可避免的，区域经济的发展主要依靠条件较好的少数地区和少数产业带动，应把少数区位条件好的地区和少数条件好的产业培育成经济增长极。主张通过政府的作用来集中投资，加快若干条件较好的区域或产业的发展，进而带动周边地区或其他产业发展。在此理论框架下，经济增长被认为是一个由点到面、由局部到整体依次递进、有机联系的系统。其物质载体或表现形式包括各类别城镇、产业、部门、新工业园区、经济协作区等。

2. 增长极的影响效应

（1）支配效应。经济增长极作为一个区域经济发展的新力量，自身不仅形成强大的规模经济，对其他经济单位也产生支配效应、乘数效应和极化与扩散效应。这三种效应的产生，充分显示了经济增长极的重大意义。弗郎索瓦·佩鲁认为，"一个单位对另一个单位施加的不可逆转或部分不可逆转的影响"就是"支配效应"。在现实的经济发展中，经济单位之间由于相互间的不均影响而产生一种不对称关系，一些经济单位处于支配地位，而另一些经济单位则处于被支配地位。一般来说，增长极中的推动性单位都具有不同程度的支配效应，都能通过与其他经济单位间的商品供求关系以及生产要素的相互流动对这些经济单位产生支配影响。这就是我们经常说的拉动作用。

（2）乘数效应。这种效应主要是指增长极中的推动性产业与其他产业间的联系，有的是前向联系，有的是后向联系，有的是旁侧联系。这些联系的作用是，增长极的经济力量促使其他相关产业的建立，从而在就业、生产和经济效益上，增长的数量表现出乘数效应。增长极的这种效应可有效地改变一个区域工业基础差、经济存量少的状况。

（3）极化效应。极化效应又称回波效应，是指迅速增长的推动性产业吸引和拉动其他经济活动，不断趋向增长极的过程。在这一过程中，首先出现经济活动和经济要素的极化，然后形成地理上的极化，从而获得各种集聚经济，即规模经济。规模经济反过来又进一步增强增长极的极化效应，从而加速其增长速度和扩大其吸引范围。弗郎索瓦·佩鲁认为，极化效应促成各种生产要素向增长极的回流和聚集，即出现发达地区越来越发达，不发达地区越来越落后，经济不平衡状态越来越突出，甚至形成一个国家地理上的二元经济局面。

（4）扩散效应。扩散效应是指增长极的推动力通过一系列联动机制不断向周围发散的过程。扩散作用的结果，是以收入增加的形式对周围地区产生较大的乘数作用。扩散效应促成各种生产要素从增长极向周围不发达地区的扩散，即通过建立增长极带动周边落后地区经济迅速发展，从而逐步缩小与先进地区的差距。在发展的初级阶段，极化效应是主要的，当增长极发展到一定程度后，极化效应削弱，扩散效应加强。增长极效应是一种多种效应的复合体，如上下游效应、集聚效应和互利效应等。

如果增长极的扩散效应大于回波效应，就会带动外围地区经济共同发展。然而由于积累性因果循环的关系，回波效应往往大于扩散效应，导致增长极地区越来越发达，外围地区越来越落后，形成地理空间上的二元经济，使地区间经济差距扩大，甚至形成独立于外围地区的"飞地"。具体表现在以下三个方面：①增长极的发展导致外围地区资本筹集困难。增长极具有良好的投资环境和优厚的投资利润以及需求日益扩大的市场，这些因素吸引银行及其他金融机构将经济落后地区的储蓄转化为经济发达地区的投资；而外围地区由于落后的经济基础和投资收益率低，资本外流，致使资本积累逐渐减少，资本日趋短缺和枯竭，任何现代化的产业都难以起步。②增长极的经济发展使外围地区人才缺乏，经济发展受到极大制约。增长极在就业机会、工资待遇、工作环境、个人多样化需求的满足程度、子女上学就业等方面具有很大优势，这些优势吸引着落后的外围地区的劳动者和各类专业人才通过各种途径纷纷流向那里，结果在增强增长极发展能力的同时，却对外围地区造成了十分不利的影响。③增长极的发展导致外围地区贸易状况恶化。由于地域邻近，增长极与外围地区势必发生区域贸易活动，前者以输出工业品、资本品为主，并从后者输入初级产品；而后者以初级产品的生产和输出为主。初级产品的价格低而不稳，且缺乏需求弹性，因而竞争形势和交易条件有利于前者而不利于后者。总之，增长极的极化效应往往是以牺牲外围地区的发展为代价的。

（五）增长极理论发展脉络

1. 增长极理论的地理空间阶段

经济增长极理论是 20 世纪 40 年代末和 50 年代西方经济学家关于一国经济平衡增长抑或不平衡增长大论战的产物。增长极理论最初由法国经济学家弗郎索瓦·佩鲁提出，许多区域经济学者将这种理论引入地理空间，用它来解释和预测区域经济的结构和布局。后来法国经济学家布代维尔（Boudeville）将增长极理论引入区域经济理论中，之后美国经济学家弗里德曼（Friedman）、瑞典经济学家缪尔达尔（Gunnarmyrdal）、美国经济学家赫希曼（Hischman）分别在不同程度上进一步丰富和发展了这一理论，使区域增长极理论的发展成为了区域开发工作中的流行观点。

2. 增长极理论的经济空间阶段

弗郎索瓦·佩鲁首先提出了一个完全不同于地理空间的经济空间。他主张经济空间是以抽象的数字空间为基础，经济单位不是存在于地理上的某一区位，而是存在于产业间的数学关系中，表现为存在于经济元素之间的经济关系。其次，弗郎索瓦·佩鲁认为经济发展的主要动力是技术进步与创新。创新集中于那些规模较大、增长速度较快、与其他部门的相互关联效应较强的产业中，弗郎索瓦·佩鲁称具有这些特征的产业为推进型产业。推进型产业与被推进型产业通过经济联系建立起非竞争性联合体，通过后向、前向连锁效应带动区域的发展，最终实现区域发展的均衡。这种推进型产业就起着增长极的作用，它对其他产业（或地区）具有推进作用。最后，增长极理论的核心是推进型企业对被推进型企业的支配效应。支配，是指一个企业和城市、地区、国家在所处环境中的地位和作用。

另一位法国经济学家布代维尔认为，经济空间是经济变量在地理空间之中或之上的运用，增长极在拥有推进型产业的复合体城镇中出现。因此，他定义：增长极是指在城市配置不断扩大的工业综合体，并在影响范围内引导经济活动的进一步发展。布代维尔主张，通过"最有效地规划配置增长极并通过其推进工业的机制"，来促进区域经济的发展。美国经济学家盖尔在研究了各种增长极观点后，指出影响发展的空间再组织过程是扩散–回流过程，如果扩散–回流过程导致的空间影响为绝对发展水平的正增长，即是扩散效应，否则是回流效应。

（六）增长极理论的优缺点

1. 增长极理论的优点

增长极理论自提出以来，被许多国家用来解决不同的区域发展和规划问题，这是因为它具有其他区域经济理论所无法比拟的优点：

第一，对社会发展过程的描述更加真实。新古典经济学学者信奉均衡说，认为空间经济要素配置可以达到帕累托最优，即使短期内出现偏离，长期内也会回到均衡位置。佩鲁则主张非对称的支配关系，认为经济一旦偏离初始均衡，就会继续沿着这个方向运动，除非有外在的反方向力量推动才会回到均衡位置。这一点非常符合地区差异存在的现实。

第二，增长极概念非常重视创新。增长极概念非常重视创新和推进型企业的重要作用，鼓励技术革新，符合社会进步的动态趋势。

第三，增长极概念简单明了，易于理解，对政策制定者很有吸引力。同时，增长极理论提出了一些便于操作的有效政策，使政策制定者容易接受。例如，弗郎索瓦·佩鲁认为现代市场充满垄断和不完善，无法自行实现对推进型企业的理性选择和环境管理问题，因此，提出政府应对某些推进型企业进行补贴和规划。

2. 增长极理论的缺点

很多国家的实践表明，用增长极理论指导的区域发展政策没有引发增长极腹地的快速增长，反而扩大了它们与发达国家间的差距，尤其是城乡差距，所以 20 世纪 70 年代以来增长极理论的有效性受到怀疑，增长极理论的主要缺陷有：

第一，增长极的极化作用。增长极主导产业和推动性工业的发展，具有相对利益，产生吸引力和向心力，使周围地区的劳动力、资金、技术等要素转移到核心地区，剥夺了周围区域的发展机会，使核心地区和周围地区的经济发展差距扩大，这是增长极对周围区域产生的负效果。

第二，扩散阶段前的极化阶段时间过于漫长。扩散作用是极化作用的反向过程，两者作用力的大小是不等的。缪尔达尔认为，市场力的作用通常是倾向扩大而不是缩小地区间的差异，在增长极作用过程中，如果不加强国家干预，回流效应（即极化效应）总是大于扩散效应。但赫希曼认为，增长的累积性不会无限地进行下去，从长期来看，地理上的涓滴效应（即扩散效应）将足以缩小区域之间的差距。1979 年，布赛尔在其论文《增长极：它们死了吗》中，提出扩散效应和回流效应随时间推移而变化的观点。无论哪种观点，增长极的扩散效应不可被否认，扩散阶段前的极化阶段是漫长的也毋庸置疑。然而，要度过这个漫长时期，落后地区的人民要继续忍受贫困，政治不安定因素可能增加。对于讲求政绩的政府官员，在短期内看不到政策的显著效果，也在一定程度上对增长极政策的实施起到阻碍作用。

第三，推动型产业的性质决定增长极不能带来很多就业机会。推动型产业是同主导产业紧密配合的新兴产业，具有很强的技术创新能力，属于迅速增长的企业类型，而且具有较大的规模。推动型产业的性质决定了增长极一般以现代工业为目标，技术装备和管理方法较为先进，因此培育增长极并不能解决很多的就业问题，而且容易形成"飞地"型的增长极。

第四，新区开发给投资带来一定难度。从投资商角度看，增长极一般以城镇为依托，通常又不在已有建成区，这些地方一般交通不便，生活服务设施相对较差，投资者往往不愿意为这种新区投资，而基础设施的建设需要政府的投入，如果政府不采取积极的态度，增长极政策的实施困难很大。

第五，可能造成脆弱的国民经济。增长极理论是一种自上而下的区域发展政策，它单纯依靠外力（外来资本以及本地自然资源禀赋等），可能造成脆弱的国民经济。在全球化与本地化趋势并存的世界经济中，寻求依靠内力发展地方经济的道路，以知识和技术为本的区域发展战略越来越受到很多国家政府的重视。

二、产业集聚理论

（一）基本概念

产业集聚是指同一产业在某个特定地理区域内高度集中，产业资本要素在空间范围内不断汇聚的一个过程。从经济地理学的学科角度看，产业集聚是一种地理现象，因为它表现为产业在空间上的集中。所谓产业集聚，是指特定领域内相互联系的、在地理位置上相对集中的公司及各种机构的集合。它的主体是数量众多、相互竞争的生产最终产品和服务的企业，还包括上游的原材料、零部件、机器设备等专业化投入的供应商，下游的批发、零售、代理、进出口等流通企业，人才、金融等专业化服务和专用的基础设施供应者，生产互补产品的厂家，以及提供专业化培训、教育、信息、研究、技术支持的其他机构，如大学、职业培训机构、标准制定机构、智员团、专业媒体和贸易联盟等。1990 年，哈佛大学教授迈克尔·波特发表了《论国家竞争优势》。迈克尔·波特在论文中将企业集群与一个地区、一个国家的竞争力联系起来，创立了产业集群的新竞争经济理论。指的是属于某种特定产业及其相关支撑产业或属于不同类型的产业在一定地域范围内的地理集中。与此相对应的英文是Cluster。也有叫产业集群的，具体表现是在一个适当的区域范围内，生产某种产品的若干个同类企业、为这些企业配套的上下游企业以及相关的中间服务业，高密度地聚集在一起，从而显著地降低生产和交易成本。

产业集聚是市场经济条件下工业化进行到一定阶段后的必然产物，是现阶段产业竞争力的重要来源和集中体现。产业集聚是指生产同类产品或处于相同生产阶段的特定产业的企业；或具有直接上下游关联的企业；或其他具有紧密联系的相关产业的企业在特定地理区域内的集中。

（二）产业集聚的集聚效益

1. 外部规模经济

外部经济（External Economy）是指当整个产业的产量（因企业数量的增加）扩大时（企业外部的因素），该产业各个企业的平均生产成本下降。

产业集聚可以提高劳动生产率。英国经济学家马歇尔发现，集中在一起的厂商比单个孤立的厂商更有效率（外部经济）。相关产业的企业在地理上的集中可以促进行业在区域内的分工与合作：①分工+专业化：集群内企业为提高协作效率，对生产链分工细化，有助于推动企业群劳动生产率的提高。②有助于上下游企业都减少搜索原料产品的成本和交易费用，使产品生产成本显著降低。集聚体内成员可以就近获取所需的高度专门化的部件、原料、机械设备、商务服务、人才等投入资源，从而节约交易费用。③集聚使得厂商能够更稳定、更有效率地得到供应商的服务，比较容易获得配套的产品和服务，及时了解本行业竞争所需要的信息。④由于集聚体本身可提供充足的就业机会和发展机会，会对外地相关人才产生磁场效应。在人力资源方面，集聚区内有大量拥有专门技能的人才，而且评价员工的个人品质和职业素质也更为容易，这种优势可使企业在短时间内以较低的费用找到合适的人力资源。⑤共享劳动力市场专业人才和熟练工人，不在某一家企业干了，可以方便地进入同类的另一家企业，存在着人才供给上的"外部性"。⑥集聚体本身可提供充足的就业机会和发展机会，从而对外地相关人才产生磁场效应。⑦企业在一定区域内的相互邻近，或者同时处于生产链的某一个环节而分工不同，从而降低了成本，如运输成本、库存成本、交易成本，由于共同的交易市场与采购中心降低原材料成本与销售成本。

2. 创新效益

产业集聚可以促进创新。企业的创新常常来源于企业之间、企业与用户之间的互动。在产业集聚中，新工艺、新技术能够迅速传播。企业更容易发现产品或服务的缺口，受到启发，发现市场机会，研发新的产品。由于集聚，不同公司员工之间接触沟通的机会增多，有助于相互间的思想碰撞而产生创新思维。同一园区企业管理人员与技术人员的定期交流会给各个企业带来创新灵感，这是知识技术外溢性的体现。

集聚体内每个企业都可以通过与其他企业及外部机构之间的大量接触而获取关于本公司及其所属产业的信息，且不需过多的费用，从而促使企业对变化着的环境尽早做出有效反应。

3. 竞争效益

市场与分工交互作用产生的内生的绝对优势具有更为普遍的意义，竞争最终的结果将主要取决于资源使用的效率。在一定区域内集聚，能够更好地发现各个企业的比较优势，从而形成纵向与横向的协作，促进规模经济发展和产业结构升级，从而提高资源的利用效率。企业是区域经济发展的主体，产业园区的集聚企业具备这些条件，为提高本企业、本行业甚至本区域的竞争力提供了可能。产业集聚加剧了竞争，竞争是企业获得竞争优势的重要来源。竞争不仅表现在对市场的争夺，还表现在其他方面：同处一地的同行业企业有了业绩评价的标尺，可以相互比较。这给企业带来了创新的压力与动力，迫使企业不断降低成本，改进产品及提高服务，追赶技术变革的浪潮。

产业集聚有利于提高中小企业的整体竞争能力。中小企业由于规模较小、技术创新和产品开发的能力相对较弱，在激烈的市场竞争中，相对处于弱势。但同类型或相关联的中小企业形成产业集聚后，可以通过多种途径，如降低成本、刺激创新、提高效率、加剧竞争等，提升整个集聚区的企业竞争能力。

（三）产业集聚的形成模式

1. 资源要素禀赋创造模式

资源要素包括区位要素和生产要素。区位要素指的是具体产业相关的或必须的自然区位、交通区位、经济区位。从理论上看，企业一般倾向于选择聚集在交通要塞，以降低运输成本。生产要素就包含自然资源和社会资源。产业集聚的形成表现为区域专业化生产，根据赫克歇尔-俄林理论，区域专业化生产的主要原因是自然资源禀赋。早期的产业集聚形成过程中，自然资源起到了根本性的作用。后来的研究证实，相对于早期自然资源，社会资源的作用在后期产业集聚的形成中具有更大的作用。包括技术、人才、社会网络、文化、制度等社会资源具有不可量化和无限性，已经成为产业集聚形成的关键因素。

2. 市场需求拉动创造模式

区域范围内最先出现专业化市场，为产业集聚的形成创造了重要的市场交易条件和信息条件，最后使产业的生产过程也聚集在市场的附近。在我国，市场创造模式形成产业集聚的典型地区是浙江省，该省内有许多颇具规模的专业化市场，最终形成了一个个具有完整产业链的产业集群。

3. 资本转移创造模式

一般是发生在有产业转移的背景下，当一个规模较大的企业出于接近市场或节约经营成本的考虑，在生产区位上作出重新选择，并投资于一个新的地区的时候，有可能引发同类企业和相关企业朝这个地区汇聚。这样一种产业集聚的形成，主要是通过一定数量的资本从外部的迁入。我们把缘于资本迁移和流动而形成的产业集聚现象，称作资本迁移模式。目前，国内在资本迁移模式下形成的产业集聚或产业集群有很多，其中起推动和促进作用的迁移性资本主要是外商直接投资。

（四）产业集聚的相关理论

1. 马歇尔外部经济理论

产业集群的理论可溯源至马歇尔（1980）新产业区理论。马歇尔对产业聚集主要的理论贡献是外部经济概念，这一外部经济有三种类型——市场规模扩大带来的中间投入品的规模效应、劳动力市场规模效应、信息交换和技术扩散。

2. 韦伯的聚集经济论

1909 年，德国的韦伯在《区位原论》（*Reine Theorie Desstandorts*）的第一部分"论工业区位"中，试图寻找工业区位移动的规律，韦伯将影响工业区的经济因素（区位因素）分为区域因素和位置因素，认为实际对区位起作用的区域因素是运输成本和劳动成本，对区位起作用的位置因素则包括集聚因素（交通便利、矿藏禀赋）和分散因素。

3. 帕鲁的增长极理论

帕鲁的理论可能来自于熊彼特 1939 年"开创新的投资机会的创新效果是创造新的经济空间"的说法。帕鲁在 1950 年提出"经济空间"一说，认为经济空间是各种不同关系的集合，是抽象关系的构成体。这种抽象的经济空间有三类，其中第二类是"作为力场的空间"，增长极是在这一空间中出现。

4. 迈克尔·波特的钻石模型

迈克尔·波特使用的是产业集群概念。1990 年，波特的《论国家的竞争优势》在《哈佛商业评论》上发表，明确提出了产业集群概念并把它作为研究对象。波特把竞争力的内涵引入区域经济和国家经济的研究，并从竞争优势的角度研究产业聚集问题，认为产业的地理集中是竞争所致，聚集有利于提升产业竞争力和国家竞争力。迈克尔·波特认为，一个国家或地区的竞争优势来源于产业的竞争优势，而产业的竞争优势来源于彼此相关的产业集群。产业集群主要通过以下几个来源获得竞争优势：①通过提高企业的生产力获得竞争优势，其主要原因在于关联产品的整体性。在一个产业集群内，企业相互之间容易形成上下游的配套关系，集群内厂商间的密切关联使得整体利益大于内部各个厂商利益之和。②集群有利于信息累积、传递与扩散，有利于增强企业的创新能力促进技术的创新与升级。③通过鼓励新企业的形成，扩大并增强产业群本身来影响竞争。此外，波特还研究了政府在集群中的作用，为政府提供了制定政策的理论依据。

迈克尔·波特主要是从竞争力的角度来研究产业聚集现象的。在他的研究中没有严格的数理模型推导，只是以案例分析进行研究。但是他开创性的研究对产业聚集理论的发展产生了重要的影响。

迈克尔·波特提出著名的钻石模型，获得国家竞争优势取决于四方面条件：①生产要素条件；②需求条件；③相关支持产业；④厂商结构战加重与竞争，再加上"机遇"和"政府"，构成了一个钻石型的相互作用关系。

5. 克鲁格曼的新经济地理学

传统的新古典主义框架下的区域经济理论，一直是以规模报酬不变和完全竞争假设为出发点研究区域经济问题的，一度忽略了经济活动中不完全竞争和规模报酬递增的事实，这主要是由建模技术发展的滞后造成的。迪克斯特和斯蒂格利茨（Dixit and Stiglitz, 1977）提出了著名的D-S模型，用产品数量和产品种类的二维分析法，拓展了传统的产品数量与产品价格的单向联系，突破了完全竞争及规模报酬不变的固有视角，使研究 Chamberlin 的垄断竞争市场结构成为可能。在 D-S 模型基础上，克鲁格曼（Krugman）于 20 世纪 90 年代初期创立了新经济地理学（New-Economic Geography）。自此，产业聚集问题才真正开始吸引人们的注意，并成为经济学、管理学和地理学等领域的一个共同的研究热点。克鲁格曼以规模报酬递增、不完全竞争的市场结构为假设前提，并与区位理论中的运输成本相结合，在 D-S 模型的基础上，构建了"中心-外围"模型，证明了产业聚集是由规模报酬递增、运输成本和生产要素移动通过市场传导的相互作用而产生。在制造业中心与农业外围的均衡形成和演化的过程中，较大的规模经济、较低的运输成本以及制造业在支出中较大的份额（需求因素）这三个变量起着决定性作用。此外，克鲁格曼还强调历史偶然性的作用，他认为最初的聚集可能仅仅取决于某个"历史偶然"，初始的优势将有可能在收益递增基础上因累积效应而得到"锁定"（Lockin），即产业聚集具有"路径依赖"（Path-Dependence）性。或者说，"中心-外围"结构一旦形成，就会自我增强并持续下去。Venables（1996）认为上下游产业间的投入产出关联也会促进产业聚集，即通过"前向关联"和"后向关联"带来的投入品供给增加和需求扩大，也会使得某一地区吸引越来越多的厂商而形成聚集态势。

新经济地理学关于产业聚集的论证比传统的区位理论和区域经济学更加严谨，特别是从专业化分工的视角考虑区位问题，并运用数学建模的方法，在一定程度上丰富和完善了区域经济学。克鲁格曼等人的贡献是巨大的，他们的工作把产业聚集问题融入主流经济学的研究视野。然而，他们的理论还存在一定的局限性，如模型假设条件过于苛刻，与现实经济状况存在较大差距。

（五）产业聚集理论研究的新进展

国内外关于产业聚集理论研究的最新成果主要体现在产业聚集的影响因素、产业聚集对经济增长的影响，以及产业聚集对区域创新的影响等方面。

1. 产业聚集的影响因素研究

影响产业聚集的因素颇多，学者们从不同角度对这一问题进行了较为系统的研究。Ellison 和 Glaeser（1999）考察并发现了自然禀赋优势对产业聚集的重要作用，Glaeser 和 Kohlhase（2004）认为，自然禀赋的重要性依赖于运输成本的高低，而随着技术的进步，实际运输成本的下降幅度达到90%，因此，自然禀赋对产业聚集的作用已越来越弱。Holmes

（1999）发现了投入共享和产业聚集的正相关关系。Wood 和 Parr（2005）考察了交易成本和聚集经济的关系，在他们看来，除了生产成本之外，交易成本也是影响聚集经济的重要因素。他们认为，由于各地区的制度、商业、文化和语言等特性随着空间地域的不同而有所差异，这些差异会在某种程度上影响交易成本，厂商聚集于某一区位可以节约交易成本。Rosenthal 和 Strange（2001）运用 EG 系数测算了美国制造业在邮政编码、县和州三个区域层次的聚集程度，考察了制造业聚集的微观经济基础，结果表明，劳动力市场共享在各个区域层次显著影响制造业聚集，知识溢出只在邮政编码区域层次上显著，运输成本和自然禀赋优势对产业聚集的影响随地理单元的大小而不同，对以州为地理单元的产业聚集具有显著的促进作用，而对较小的地理单元的产业聚集没有多少影响。

国内也有学者对产业聚集的影响因素作了比较细致的研究。文玫（2004）用第二次、第三次工业普查的数据考查了中国工业在区域上的集中程度及其影响因素，结果表明：工业聚集于市场大的地区；低交易成本和运输费用有助于工业聚集于该地区；工业中心内较高的工资和价格水平对厂商在区域间的选址没有显著影响。路江涌和陶志刚（2007）运用 EG 系数作为衡量行业聚集的指标，研究了行业聚集的微观基础，他们的分析是基于行业的。结果表明：地方保护主义在很大程度上限制了中国制造业的区域聚集；溢出效应、运输成本是影响行业聚集的重要因素。此外，他们还研究了自然资源禀赋对行业聚集的作用。他们以农产品投入比率、矿产品投入比率以及电、燃气和水投入的比率作为衡量自然禀赋的指标。结果表明：农产品投入比率和矿产品投入比率显著正向影响行业聚集，而电、燃气和水投入的比率的影响为负。金煜、陈钊和陆铭（2006）以地区工业产值占全国总的工业 GDP 的比重来度量工业地区聚集程度，并利用 1987~2001 年省级面板数据研究了导致中国地区工业聚集的因素。结果表明：经济开放促进了工业聚集，而经济开放又与地理和历史的因素有关；市场容量、城市化、基础设施的改善和政府作用的弱化也有利于工业聚集；沿海地区具有工业聚集的地理优势；但是，地区的人力资本水平对工业聚集的作用不显著。刘军和徐康宁（2009）用历史研究与实证研究相结合的方法，从长期考察中国工业聚集的演变过程及其原因中得出结论：政治稳定性、区位优势、交通运输条件以及制度和政策是影响中国工业聚集的重要因素。

2. 产业聚集对经济增长的影响

产业聚集与经济增长关系的研究取得了较为丰硕的成果。一些成果证明产业聚集促进经济增长。Martin 和 Ottaviano（2001）综合 Krugman 的新经济地理理论和 Romer 的内生增长理论，建立了经济增长和经济活动的空间聚集相互强化的模型，证明了经济活动的空间聚集能够降低创新成本，从而刺激经济增长；反过来，经济增长也促进产业聚集。Fujita 和 Thisse（2002）在假定区域间劳动力自由流动的前提下，证明了产业聚集能促进经济增长。Brulhart 和 Mathys（2006）基于欧洲各个地区面板数据的研究结果表明：聚集经济显著地促进了劳动生产率，并且这种聚集效应随时间推移而逐渐增强。但是也有部分研究得出了与上述成果不同的结论。Bautista（2006）基于墨西哥 32 个州 1994~2000 年的数据，以人口密度衡量聚集水平，并使用工具变量解决聚集经济的内生性问题，研究发现聚集经济对于经济增长的影响并不显著。Martinez–Galarraga J 等（2008）运用西班牙 1860~1999 年的数据，研究经济密度和劳动生产率的关系，发现了聚集效应的存在，1860~1985 年，就业密度提高 1 倍，工业部门的平均劳动生产率提高 3~5 个百分点。同时发现在整个样本期间聚集效应存在递减趋势，1985~1999 年没有显著的聚集效应存在，其原因是较高的拥挤成本抵消了聚集收益。值得一提的是，他们以此为基础，认为经济活动的空间聚集遵循倒"U"型曲线，即某一区域的空间聚集经历先上升后下降的趋势。

国内也出现了大量产业聚集对经济增长影响的研究成果。范剑勇（2006）利用中国 2004 年地级城市和副省级城市的截面数据，以非农就业密度衡量产业聚集，研究产业聚集对劳动生产率的影响，结果显示：非农产业劳动生产率对非农就业密度的弹性系数为 8.8% 左右。罗勇（2007）选取 5 个典型省份，在每个省份选取一个聚集程度较高的行业，运用时间序列数据，对特定产业聚集与各省经济增长的关系进行了实证研究，结果显示：产业聚集促进了区域经济增长，同时拉大了与其他地区的差距。刘军和徐康宁（2010）用 1999~2007 年省级面板数据研究产业聚集对经济增长与区域差距的影响，结果显示：产业聚集显著促进经济增长，并同时导致区域差距的产生。区域差距来源于两个方面：一是聚集区与非聚集区经济发展的自然落差；二是四大区域之间产业聚集增长效应的差异，差异产生的原因是产业聚集程度的不同导致外部规模经济、技术外部性和金钱外部性的差异。在此基础上，提出中国的产业聚集增长效应符合倒"N"型假说，并验证了当前中国的产业聚集增长效应处于倒"N"型曲线的中间阶段。

3. 产业聚集对区域创新的影响

最早注意到产业聚集与创新存在联系的是新古典经济学创始人马歇尔（Marshall）。马歇尔（1890）没有直接使用创新的概念，他使用的是技术溢出（Technology Spillover）概念。技术溢出提高了生产效率，而获益的企业并未因此支付任何成本，这种现象被称为技术外部性。技术外部性可分为 MAR 外部性和 Jacobs 外部性。MAR 外部性是指同一产业内企业间知识溢出带来的外部性（Glaeser 等，1992），其核心观点是一个产业的地理集中有助于企业间的知识或技术溢出从而促进区域创新。Jacobs 外部性是指不同产业在同一区域的聚集产生的知识或技术溢出（Jacobs，1969）。Jacobs 外部性源于产业间知识的差异性和多样化。MAR 外部性和 Jacobs 外部性是知识或技术溢出的两种不同表现形式，不论哪种形式的溢出都证实，在集群内部知识流动得更快，更有利于创新。其原因是在创新过程中，显性知识可以通过正常的渠道获得，而隐性知识只能通过员工非正式交流或人员流动获得，这两种隐性知识传递的途径在集群内部更加顺畅。Storper 和 Venables（2004）研究表明，产业聚集可以提供便利的面对面交流机会，促进知识溢出。Carlino 等（2007）从城市就业密度的视角研究产业聚集对创新的影响，研究发现，人均发明量与城市就业密度正相关，如果城市就业密度提高一倍，那么人均发明量将提高20%。

国内也有学者对产业聚集的区域创新问题作了比较细致的研究。张昕和李廉水（2007）用截面数据，以我国医药、电子及通信设备制造业为例，研究了制造业聚集产生的各类知识溢出对区域创新绩效的影响。研究结果显示，知识的专业化溢出对两类制造业的区域创新存在积极影响；多样化溢出对医药制造业区域创新绩效的影响为正，对电子及通信设备制造业的影响为负。史修松（2008）研究了高技术产业聚集对区域创新效率的影响。研究结果表明，高技术产业聚集促进区域创新效率的提高，但作用并不明显；不同行业之间有不同的促进作用，电子通信与设备制造业、电子计算机与办公设备制造业、医疗设备及仪表制造业、医药制造业的聚集对区域创新效率促进作用相对要大一些，航天航空制造业聚集对区域创新效率的促进作用相对较小。张杰、刘志彪和郑江淮（2007）用江苏省342家制造业企业数据研究产业链定位、分工和聚集效应对企业创新强度的影响，研究结果发现，聚集效应并未对我国微观企业创新活动产生积极影响，未成为激发集群创新动力的有机载体。刘军、李廉水和王忠（2010）研究了产业聚集对中国区域创新能力的影响。研究结果显示，在控制了科技人员投入、科技经费投入和制度创新的条件下，产业聚集显著促进区域创新，但对区域创新的作用略低于科技经费投入、科技人员投入和制度创新。分行业比较分析表明，不仅高技术产业聚集有利于区域创新，传统产业聚集对区域创新也有正的影响，这为各地区结合比较优势，培育特色产业集群从而促进区域创新提供了理论支持；多数资源依赖型产业聚集抑制区域创新，这主要是因为过度依赖资源对人力资本投入和技术创新投入产生了"挤出效应"。

（六）增长极理论和产业集群理论的比较

20 世纪 70 年代末增长极理论遭受多种责难和非议，受到政策实践的检验和学术界的反思。反思之一是增长极理论过分强调区际流动的两个要素——劳动力和资金而忽视技术创新和知识创新；反思之二是"自上而下"建立增长中心、单纯依赖外力的策略可能造成脆弱的国民经济。对增长极理论的反思反映了当前区域发展所依赖的时代背景与环境条件已经发生了深刻的变化，以产业集群理论为代表的"新区域主义"则应运而生。

1. 增长极理论与产业集群理论的相同点

增长极理论与产业集群理论作为区域发展的重要理论，均强调集聚经济在区域经济发展中的作用，增长极理论不过是集聚理论的典型历史代表而已。增长极理论和产业集群理论均主张将那些在生产上或分配上有着密切联系，或是在产业布局上有着共同指向的产业，布局在某个拥有特定优势的区域，形成一种资本与技术高度集中、具有规模经济效益、发展迅速的集聚体，集聚区内的每个企业都因与其他关联企业接近而改善自身发展的外部环境，从而获得集聚经济带来的外部规模经济与外部范围经济。增长极理论强调城市体系中城市等级结构的差异，实际上是考虑城市集聚经济能力；而产业集群理论不仅包含大量产业联系密切企业的集聚，而且还强调相关支撑机构在空间上的集聚，获得集聚经济带来的外部规模经济与外部范围经济。

2. 增长极理论与产业集群理论的不同点

作为新型区域发展理论，产业集群理论较增长极理论包含了更适合当前市场经济环境下的合理因素，它们的不同点主要体现在以下五方面：

（1）理论认识上的差异。增长极理论强调区域空间发展的不平衡性，对于相对落后的国家或区域，主张集中有限的资源，先发展增长极区域，然后逐步发展非核心区，该理论片面、静态地看待区域发展。产业集群理论不是简单地争论区域发展的平衡性与否，而是强调发挥区域内各种资源要素的整合能力，追求适合于区域具体特征的区域发展道路，充分发展具有区域优势的特色产业。

（2）产业集群理论突出技术进步与技术创新。企业不可能孤立地创新，创新来源于不同的行为主体间互补性的、专业化的知识和能力的结合。为了获取创新优势，集群内的企业变得更加依赖其他企业和机构的互补性知识和技能。生产专业化的速度在加快，互补性企业间的分工和专业化战略，使知识内部化。同时在压力和利润激励的双重作用下，集群内企业必须提高产品的差别化程度促进企业产品差别化创新，以满足顾客的需求，提高本企业的竞争优势。增长极理论更多的是强调产业或区域的不均衡发展而忽视了技术的进步与技术的创新与生产相分离，忽视了消费者的需要对市场反应迟钝。

（3）产业集群理论强调企业根植于当地的企业文化制度中，而增长极理论忽视了企业的根植性，增长极地区的企业往往与当地的文化制度相隔离。产业集群强调行为主体的地方联系，这种地方联系不仅是经济的，还包括社会的、文化的、政治的等。基于共同的文化传统、行为规则和价值观念，集群往往能形成一种相互信赖关系，企业家之间沟通与协作较容易实现。同时，产业集群理论强调发挥区域内各种要素资源的整合功能，强调地方政府、行业协会、金融部门与教育培训机构对产业发展的协同效应。增长极理论强调企业间简单的物质联系，而忽视了与物质成本同样重要的文化、规范、制度等非经济因素在集聚过程中的主导作用。因此，作为战略产物的增长极往往难以根植于地方社会文化制度中，嵌入性的经济活动往往与地方社会经济隔离。

（4）增长极理论强调依靠政府的力量自上而下建立增长中心。增长极理论主张国家对增长极进行重点投资，依靠外来企业的牵引和外部技术的投入建立增长中心，忽视地方的内生性增长力量，这样必然对市场的变化反应迟钝，产业结构表现出较大的刚性，经济发展容易出现僵化和脆弱。产业集群理论强调市场的力量，主张自下而上的、针对区域的、长期的和基于多元行动主体的，能够动员内生发展潜力的政策行动。产业集群中各行动主体是平等的竞争与合作的关系，企业通过内部共生机制，而不是依靠政策的扶持提高自身的市场竞争力。

（5）增长极理论忽视同行业间的竞争，而产业集群理论强调合作与竞争同等重要。集群内单个企业对集群整体优势的依赖和寻求自身发展利益最大化的动力使企业处于不断变化的竞争与合作中。产业集群理论中政府不再是增长极概念中推动性产业的庇护者，而是担当鼓励而非扭曲竞争的角色，政府投资的重心则放在改善产业环境上。增长极理论中产业集聚体以垂直性关系为主，政府与企业间更像一种等级关系而不是服务关系，企业间除了必要的物质投入–产出联系外，缺乏技术、知识、信息上的关系。

三、点–轴理论

（一）点–轴理论的提出

"点–轴理论"是我国著名学者陆大道先生 1984 年最早提出的，"点"指各级居民点和中心城市，"轴"指由交通、通信干线和能源、水源通道连接起来的"基础设施束"，其对附近区域有很强的经济吸引力和凝聚力。轴线上集中的社会经济设施通过产品、信息、技术、人员、金融等，对附近区域产生扩散作用。扩散的物质要素和非物质要素作用于附近区域，与区域生产力要素相结合，形成新的生产力，推动社会经济的发展。

（二）点–轴开发模式

点–轴开发模式是增长极理论的延伸，从区域经济发展的过程看，经济中心总是先集中在少数条件较好的区位，呈斑点状分布。这种经济中心既是区域增长极，也是点–轴开发模式的点。随着经济的发展，经济中心逐渐增加，点与点之间由于生产要素交换需要交通线路以及动力供应线、水源供应线等相互连接起来，这就是轴线。这种轴线主要是为区域增长极服务的，但轴线一经形成，对人口、产业也具有吸引力，吸引人口、产业向轴线两侧集聚，并产生新的增长点。点–轴贯通，就形成点–轴系统。因此，点–轴开发可以理解为从发达区域大大小小的经济中心（点）沿交通线路向不发达区域纵深地发展推移。

点–轴模式是从增长极模式发展起来的一种区域开发模式。法国经济学家弗朗索瓦·佩鲁把产业部门集中而优先增长的先发地区称为增长极。在一个广大的地域内，增长极只能是区域内各种条件优越、具有区位优势的少数地点。一个增长极一经形成，就要吸纳周围的生产要素，使本身日益壮大，并使周围的区域成为极化区域。当这种极化作用达到一定程度，并且增长极已扩张到足够强大时，会产生向周围地区的扩散作用，将生产要素扩散到周围的区域，从而带动周围区域的增长。增长极的形成关键取决于推动型产业的形成。推动型产业一般又称为主导产业，是一个区域内起方向性、支配性作用的产业。一旦地区的主导产业形成，源于产业之间的自然联系，必然会形成在主导产业周围的前向联系产业，后向联系产业和旁侧联系产业，从而形成乘数效应。

点–轴模式是增长极模式的扩展。由于增长极数量的增多，增长极之间也出现了相互联结的交通线，这样，两个增长极及其中间的交通线就具有了样高于增长极的功能，理论上称为发展轴。发展轴应当具有增长极的所有特点，而且比增长极的作用范围更大。

点–轴开发理论是在经济发展过程中采取空间线性推进方式，它是增长极理论聚点突破与梯度转移理论线性推进的完美结合。

（三）点–轴开发模式特征

1. 方向性和时序性

点–轴渐进扩散过程具有空间和时间上的动态连续特征。是极化能量摆脱单点的限制走向整个空间的第一步。

2. 过渡性

点–轴开发将开发重点由点转向了轴线，而多个点–轴的交织就构成了网络，点-轴开发成为了网络形成的过渡阶段；随着区域网络的完善，极化作用减弱，而扩散作用增强，区域经济逐渐趋于均衡，因此，点-轴渐进是区域不平衡向平衡转化的过程。对于欠发达地区来说，也是二元经济结构逐渐消除的过程。可见，对于区域开发与规划实践来说，点-轴渐进扩散理论除回答了经济发展和集聚过程外，更重要的是还提供了极化方向和时序控制这一新手段。

（四）点-轴开发模式的主要思路

首先，重点思路是开发沿海、沿江、沿河三大轴线地带，使之逐渐成为国家未来发展的增长轴。

其次，在目前国家财政投资有限的情况下，中西部应积极选取和培育有较大发展优势和潜力的增长极、增长带和增长中心，并以此为突破口，振兴中西部经济。中部地区的区位条件优越，且矿藏丰富，城市相对密集，发展潜力大。而西部的优势主要在于丰富的资源。西部应充分发挥水资源、环境资源、自然资源和矿产资源等优势，从地区特色出发，迅速建立经济增长极，对于那些可以成为增长极的"点"，不妨借鉴东南沿海地区的发展经验，实行特殊的政策和灵活措施，吸引外国、中国港澳台地区、东部的资本来投资，再现特区效应。

最后，对沿边地区实行全方位开放，使之成为对外贸易和投资的热点，开发开放边疆地带，不仅具有政治意义，而且对社会安定、国家安全具有深远意义。因此，需要重点建设边疆经济特区，使其成为沿江开放地带经济发展的生长点，通过高层次的出口加工，使之成为边境经济发展的推动力，通过多种经济合作形式，不断扩大对外开放的广度和深度，更好地促进边疆经济的发展。

（五）点-轴开发模式的极化作用影响

当主导产业形成之后，增长极将会产生极化作用，即增长极周围区域的生产要素向增长极集中，增长极本身的经济实力不断增强。人们现在一般把一个区域内的中心城市称为增长极，把受到中心城市吸引的区域称为"极化区域",在纯粹的市场经济条件下,人们进行区域经济规划的区域应当是极化区域。

为什么主导产业的产生会在增长极出现极化作用?主要是由规模经济作用引起的产业聚集作用,使增长极能够不断成长壮大。规模经济是指随着生产规模的扩大而导致生产的成本下降和收益增加。产业聚集一般有三种形式:由于共同利用基础设施而获得成本节约的聚集,由于产业链的产前产后联系而获得成本节约的聚集,由于管理方便引起的聚集。产业聚集将带动科技、人才、信息、三产等的聚集,使产业聚集的空间载体增长极变得越来越强大,对周边地区的要素吸引也越来越大,从而形成生产要素向增长极集中的趋势,人们称之为极化作用。

如果极化作用一直在强化的过程中,生产要素就会一直向增长中心集中,就不可能形成发展轴,也就不会出现"点-轴模式"。

(六)点-轴开发模式的扩散效应影响

扩散效应是与极化效应同时存在、作用力相反的增长极效应。其表现是,生产要素从增长极向周边区域扩散的趋势。为什么增长极的产业会向周边地区扩散呢?

第一,经济上的互相依存,使增长极在产生伊始就存在扩散效应。在极化区域的生产要素与增长极聚集的过程中,形成了一个连续不断的物流,由于市场交易的存在,增长极在获取物质资料的同时,资金也同时流向周边地区。只要两地建立了市场经济的贸易关系,生产要素就始终是双向流动的,所以极化效用和扩散效用也是同时存在的。

第二,由于技术发展水平的不断提升,增长极上的产业技术不断发生更替。增长极存在着产业不断更替的规律,被更替下来的产业向增长极周边地区转移,随着增长极的规模扩大和技术水平提升,这种趋势越来越明显,表现出来的结果是扩散效应一天比一天大。

第三,随着社会经济发展水平的提高,产业部门存在扩散的趋势。对一些在增长极无法发展的产业的需求越来越大,加入这些产业的生产要素从增长极向周边扩散，以促进这些产业的发展。例如，旅游业、资源开采业、仓储业以及倾向于原料产地的制造业等。扩散效应又被称为"涓滴效应"，即生产的发展通过扩散促进增长极周边所有地方的发展，从而缩小地区之间的差异。

扩散效应会不会产生"点–轴模式"？这关键要看扩散的方向和强度。如果让生产要素沿着一个既定的方向大强度扩散，比如沿一条主要交通线扩散，就可以形成一个规划中的发展轴，形成"点–轴模式"，但这只有在政府的强势引导条件下才能做到。

在一般的市场经济条件下，生产要素将向能够获得最大效益的最优区位的方向扩散，而其方向不是固定的。用韦伯的区位论思想来解释，就是企业总要获得运费最低的布局地点这一基本论断。这样人们就可以解释为什么上海的产业扩散方向是江浙的长江三角洲地区，而不是沿长江溯江而上；目前形成的是长江三角洲都市圈，而不是沿长江发展轴。

为什么生产要素不会沿一条主要交通线扩散？因为人们的交通运输获得了长足的发展，一个交通运输的网络已经基本形成。假设对于两个面积和人口都相等的经济区域而言，如果人们舍去其他因素的影响，一个绵延千里的区域，单位产值的生产成本必然高于一个具有很大紧凑度的区域。

四、区位理论

（一）区位及区位理论的概念

区位是指人类行为活动的空间。具体而言，区位除了解释为地球上某一事物的空间几何位置，还强调自然界的各种地理要素和人类经济社会活动之间的相互联系和相互作用在空间位置上的反映。区位就是自然地理区位、经济地理区位和交通地理区位在空间地域上有机结合的具体表现。

区位主体是指与人类相关的经济和社会活动，如企业经营活动、公共团体活动、个人活动等。区位主体在空间区位中的相互运行关系称为区位关联度。区位关联度影响投资者和使用者的区位选择。一般来说，投资者或使用者都力图选择总成本最小的区位，即地租和累计运输成本总和最小的地方。

区位理论是关于人类活动的空间分布及其空间中相互关系的学说。具体地讲，是研究人类经济行为的空间区位选择及空间区内经济活动优化组合的理论。

（二）农业区位理论

农业区位理论的创始人是德国经济学家杜能，他于 1826 年完成了农业区位论专著《孤立国对农业和国民经济之关系》（以下简称《孤立国》），是世界上第一部关于区位理论的古典名著。

1. 杜能"孤立国"理论的前提条件

在孤立国中只有一个城市，且位于中心，其他都是农村和农业土地。农村只与该城市发生联系，即城市是"孤立国"中商品农产品的唯一销售市场，而农村则靠该城市供给工业品。

"孤立国"内没有可通航的河流和运河，马车是城市与农村间联系的唯一交通工具。

"孤立国"是一天然均质的大平原，并位于中纬，各地农业发展的自然条件等都完全相同，宜于植物、作物生长。平原上农业区之外为不能耕作的荒地，只供狩猎之用，荒地圈的存在使孤立国与外部世界隔绝。

农产品的运费和重量与产地到消费市场的距离成正比关系。

农业经营者以获取最大经济收益为目的，并根据市场供求关系调整他们的经营品种。

2. 杜能农业区位理论的主要内容

杜能理论的基本经济分析。杜能区位理论的前提是市场上农产品的销售价格决定农业经营的产品和经营方式；农产品的销售成本为生产成本和运输成本之和；而运输费用又决定着农产品的总生产成本。因此，某个经营者是否能在单位面积土地上获得最大利润（P），将由农业生产成本（E）、农产品的市场价格（V）和把农产品从产地运到市场的费用（T）三个因素所决定，它们之间的变化关系可用公式表示为：$P = V - (E + T)$。

按照杜能理论的假设前提进一步分析，"孤立国"中的唯一城市是全国各地商品农产品的唯一销售市场，故农产品的市场价格都要由这个城市的市场来决定。因此，在一定时期内"孤立国"各种农产品的市场价格应是固定的，即 V 是个常数。杜能还假定，"孤立国"各地发展农业生产的条件完全相同，所以各地生产同一农产品的成本也是固定的，即 E 也是个常数。因此，V 与 E 之差也是常数，故上式可改写成：$P + T = V - E = K$。

上式中 K 表示常数，也就是说，利润加运费等于一个常数。其意义只有把运费支出压缩为最小，才能将利润增至最大。因此，杜能农业区位论所要解决的主要问题归为一点，就是如何通过合理布局使农业生产达到节约运费，从而最大限度地增加利润。

杜能圈。根据区位经济分析和区位地租理论，杜能在其《孤立国》一书中提出六种耕作制度，每种耕作制度构成一个区域，而每个区域都以城市为中心，围绕城市呈同心圆状分布，这就是著名的"杜能圈"。

第一圈为自由农作区，是距市场最近的一圈，主要生产易腐难运的农产品。第二圈为林业区，主要生产木材，以解决城市居民所需薪材以及提供建筑和家具所需的木材。第三圈为谷物轮作区，主要生产粮食。第四圈为草田轮作区，本圈提供的商品农产品主要为谷物与畜产品。第五圈为三圃农作区，即本圈内 1/3 土地用来种黑麦，1/3 种燕麦，其余 1/3 休闲。第六圈为放牧区，或叫畜牧业区。

杜能还考虑了在孤立国范围出现其他小城市的可能。这样大小城市就会在产品供应等方面展开市场竞争。结果根据实力和需要形成各自的市场范围。大城市人口多，需求量大，不仅市场范围大，市场价格和地租亦高。相反，小城市则市场价格低，地租亦低，市场波及范围也小。

（三）工业区位理论

工业区位理论的奠基人是德国经济学家韦伯。其理论的核心就是通过对运输、劳动力及集聚因素相互作用的分析和计算，找出工业产品的生产成本最低点，作为配置工业企业的理想区位。

1. 韦伯工业区位理论假设条件

为了理论演绎的需要，与杜能一样，韦伯先做了下列若干基本假设：

（1）研究的对象是一个均质的国家或特定的地区。在此范围内只探讨影响工业区位的经济因素，而不涉及其他因素。

（2）工业原料、燃料产地分布在特定地点，并假设该地点为已知。

（3）工业产品的消费地点和范围为已知，且需求量不变。

（4）劳动力供给亦为已知，劳动力不能流动，且在工资率固定情况下，劳动力的供给是充裕的。

（5）运费是重量和距离的函数。

（6）仅就同一产品讨论其生产与销售问题。

2. 以运输成本定向的工业区位分析

以运输成本定向的工业区位分析，是假定在没有其他因素影响下，仅就运输与工业区位之间的关系而言。韦伯认为，工厂企业自然应选址在原料和成品二者的总运费为最小的地方，因此，运费的大小主要取决于运输距离和货物重量，即运费是运输物的重量和距离的函数，亦即运费与运输吨·千米成正比关系。

在货物重量方面，韦伯认为，货物的绝对重量和相对重量（原料重量与成本重量间的比例）对运费的影响是不同的，后者比前者尤为重要。为此，他对工业用原料进行了分类：一是遍布性原料，指到处都有的原料，此类原料对工业区位影响不大；二是限地性原料，也称地方性原料，指只分布在某些固定地点的原料。它对工业区位模式产生重大影响。

根据以上分类，韦伯提出原料指数的概念，以此来论证运输费用对工业区位的影响。所谓原料指数，是指需要运输的限地性原料总重量和制成品总重量之比，即：

原料指数=限地性原料总重量/制成品总重量

按此公式推算，可得到在工业生产过程中使用不同种类原料的原料指数。一般使用遍布性原料的指数为0，纯原料的指数为1，失重性原料的指数大于1，限地性原料加用遍布性原料，其指数都可能大于1。由此可知，限地性原料的失重程度愈大，原料指数也愈大；遍布性原料的参用程度愈大，原料指数则愈小。而原料指数的不同将导致工业区位的趋向不同。因此，当在原料指数不同的情况下，只有在原料、燃料与市场间找到最小运费点，才能找到工业的理想区位。

3. 劳工成本影响工业区位趋向的分析

韦伯从运输成本的关系论述了工业区位模式之后，对影响工业区位的第二项因素——劳工成本进行了分析。他认为劳工成本是导致以运输成本确定的工业区位模式产生第一次变形的因素。所谓劳工成本，就是指每单位产品所包含的工人工资额，或称劳动力费用。

韦伯认为，当劳工成本（工资）在特定区位对工厂配置有利时，可能使一个工厂离开或者放弃运输成本最小的区位，而移向廉价劳动力（工资较低）的地区选址建厂。其前提是在工资率固定、劳动力供给充分的条件下，工厂从旧址迁往新址，所需原料和制成品的追加运费小于节省的劳动力费用。在具体选择工厂区位时，韦伯使用了单位原料或单位产品等运费点的连线即等费用线的方法加以分析。同时，还考虑了劳工成本指数（即每单位产品之平均工资成本）与所需运输的（原料和成品）总重量的比值即劳工系数的影响。

4. 集聚与分散因素影响工业区位的分析

集聚因素。集聚因素是指促使工业向一定地区集中的因素，集聚因素如同劳工成本可以克服运输成本最小区位的引力一样，由其形成的聚集经济效益也可使运费和工资定向的工业区位产生偏离，而形成工业区位的第二次变形。集聚因素又可分为一般集聚因素和特殊集聚因素。它们主要通过以下两方面对工业企业的经济效益产生影响。

（1）生产或技术集聚，又称纯集聚。它对工业效益的影响主要通过两种方式：其一是由工厂企业规模的扩大带来的；其二是同一工业部门中，企业间的协作，使各企业的生产在地域上集中，且分工序列化。社会集聚，又称"偶然集聚"，是由企业外部因素引起的。也包括两方面：一是由于大城市的吸引，交通便利以及矿产资源丰富使工业集中；二是一个企业选择了与其他企业相邻的位置，获得额外利益。韦伯认为，生产集聚是一般集中因素，社会集聚则是特殊集中因素。前者是集聚的固定内在因素，而后者则是偶然的外在因素。所以在讨论工业区位时，主要注意一般集中因素，而不必注意特殊集中因素。

（2）分散因素。"分散因素"与"集中因素"相反，指不利于工业集中到一定区位的因素。因此，一些工厂宁愿离开工业集聚区，搬到或新建在工厂较少的地方。但前提条件要看集聚给企业带来的利益大还是房地产价格上涨造成的损失大，即取决于集中与分散的比较利益大小。

第二节　中心城市

一、中心城市的概念及分类

中心城市指在一定地理范围内的社会经济活动中处于主要地位，具有综合功能或多种主导功能的大城市，对该地理范围内的社会经济发展发挥着集聚和辐射作用。我国目前的中心城市大致分为如下三类：第一类是国家中心城市（包括北京、上海、广州、天津和重庆）。国家中心城市指居于国家城镇体系顶端，在全国范围发挥引领、辐射、集散功能的城市。这五个国家中心城市中，北京和天津是北方地区和环渤海地区的中心，上海是东部地区的中心，广州是珠三角地区的中心，重庆则是西部地区的中心。第二类是区域中心城市（包括沈阳、南京、武汉、深圳、成都和西安）。区域中心城市是地理大区的区域中心，而非省级区域的区域中心。其中，沈阳是东北地区的中心，南京是华东地区的中心，武汉是华中地区的中心，深圳是华南地区的中心，成都是西南地区的中心，西安是西北地区的中心。第三类是其他中心城市，指除国家中心城市和区域中心城市外，经济发展较好的省会或其他城市。它们拥有一定的辐射能力，对周边城市具有影响的城市，如厦门、青岛、大连、宁波、苏州、济南、福州、兰州、郑州、合肥、长沙、昆明、贵阳等城市。

二、 城市中心地理论

（一）城市中心地理论的提出

城市中心地理论是由德国城市地理学家克里斯塔勒（Christaller）和德国经济学家廖什（Lösch）分别于 1933 年和 1940 年提出的，20 世纪 50 年代起开始流行于英语国家，之后传播到其他国家，被认为是 20 世纪人文地理学最重要的贡献之一，它是研究城市群和城市化的基础理论之一，也是西方马克思主义地理学的建立基础之一。

中心地理论是指阐述一个区域中各中心地的分布及其相对规模的理论。根据该理论，城市的基本功能是为周围的地区提供商品和服务。最重要的中心地不一定是人口最多的，但却是在交通网络上处于最关键位置的、能够提供很广泛的商品和服务的地区。该理论在研究城市体系的生态演替方面有较大的应用。

克里斯塔勒通过对德国南部城镇的调查，于 1933 年发表了《德国南部的中心地》一书，系统地阐明了中心地的数量、规模和分布模式，建立起了中心地理论。

（二）基本概念

克里斯塔勒创建中心地理论的过程中深受杜能和韦伯区位论的影响，

故他的理论也建立在"理想地表"之上，其基本特征是每一点均有接受一个中心地的同等机会，一点与其他任一点的相对通达性只与距离成正比，而不管方向如何，均有一个统一的交通面。后来，克里斯塔勒又引入新古典经济学的假设条件，即生产者和消费者都属于经济行为合理的人的概念。这一概念表示生产者为谋取最大利润，寻求掌握尽可能大的市场区，致使生产者之间的间隔距离尽可能地大；消费者为尽可能减少旅行费用，都自觉地到最近的中心地购买货物或取得服务。生产者和消费者都具备完成上述行为的完整知识。经济人假设条件的补充对中心地六边形网络图形的形成是十分重要的。

1. 中心地（Central Place）

可以表述为向居住在它周围地域（尤指农村地域）的居民提供各种货物和服务的地方。

中心地主要提供贸易、金融、手工业、行政、文化和精神服务。中心地提供的商品和服务的种类有高低等级之分。根据中心商品服务范围的大小可分为高级中心商品和低级中心商品。高级中心商品是指服务范围的上限和下限都大的中心商品，例如高档消费品、名牌服装、宝石等；低级中心商品是指商品服务范围的上限和下限都小的中心商品，例如小百货、副食品、蔬菜等。

提供高级中心商品的中心地职能为高级中心地职能，反之为低级中心地职能，例如名牌服装的专卖店和经营宝石的珠宝店是高级中心地职能，而经营小百货的零售店是低级中心地职能。具有高级中心地职能布局的中心地为高级中心地，反之为低级中心地。高级中心地的特点是：数量少，服务范围广，提供的商品和服务种类多。低级中心地的特点是：数量多，分布广，服务范围小，提供的商品和服务档次低，种类少。在二者之间还存在一些中级中心地，其供应的商品和服务范围介于两者之间。居民的日常生活用品基本在低级中心地就可以满足，要购买高级商品或高档次服务必须到中级或高级中心地才能满足。不同规模等级的中心地之间的分布秩序和空间结构是中心地理论研究的中心课题。

中心地一般具有以下特点：①中心地的等级由中心地所提供的商品和服务的级别所决定；②中心地的等级决定了中心地的数量、分布和服务范围；③中心地的数量和分布与中心地的等级高低成反比，中心地的服务范围与等级高低成正比；④一定等级的中心地不仅提供相应级别的商品和服务，还提供所有低于这一级别的商品和服务；⑤中心地的等级性表现在每个高级中心地都附属几个中级中心地和更多的低级中心地，形成中心地体系。

2. 中心货物与服务（Central Goodand Service）

分别指在中心地内生产的货物与提供的服务，亦可称为中心地职能（Central Place Function）。中心货物和服务是分等级的，即分为较高（低）级别的中心地生产的较高（低）级别的中心货物或提供较高（低）级别的服务。

在大多数中心地，每一种中心货物或服务一般要由一家以上的企事业单位承担。例如，一个集镇往往有两三家杂货店或饮食店。每个担负一种中心地职能的单位，称为一个职能单位（Functional Unit）。可以肯定的是，中心地的职能单位数量必定大于或等于中心地职能种类的数量，通常总是前者的数量超过后者的数量。

除了几家单位共同提供一种中心货物或服务之外，也可能有一家单位提供多种中心货物或服务的场合，从而包括了几个职能单位。这种情况多见于百货公司、超级市场等大型零售商业组织。

3. 中心性（Centrality）或"中心度"

一个地点的中心性可以理解为一个地点对围绕它周围地区的相对意义的总和。简单地说，是中心地所起的中心职能作用的大小。一般认为，城镇的人口规模不能用来测量城镇的中心性，因为城镇大多是多功能的，人口规模是一个城镇在区域中的地位的综合反映。克里斯塔勒用城镇的电话门数作为衡量中心性的主要指标，因为当时电话已广泛使用，电话门数的多少，基本上可以反映城镇作用的大小。

4. 补充区域

以中心地为中心的区域称为中心地的补充区域，也称市场区域或中心地区域。具体地说，是中心地的周围从中心地接受中心商品供给的区域。在中心地，中心商品有剩余，而在中心地的周围区域中心商品不足。中心地中心商品的剩余部分就用于补充周围区域的中心商品的不足部分，当两者（供给和需求）均衡时的区域范围就成为补充区域的范围。

5. 经济距离

是决定各级中心地商品和服务供给范围大小的重要因素，是用货币价值换算后的地理距离，主要由费用、时间、劳动力三个要素所决定的距离，但消费者的行为也影响到经济距离的大小。

6. 服务范围

克里斯塔勒认为中心地提供的每一种货物和服务都有其可变的服务范围。范围的上限是消费者愿意去一个中心地得到货物或服务的最远距离，超过这一距离他便可能去另一个较近的中心地。以最远距离 r 为半径，可得到一个圆形的互补区域，它表示中心地的最大腹地。服务范围的下限是保持一项中心地职能经营所必需的腹地最短距离。以此为半径，也可得到一个圆形的互补区域，它表示维持某一级中心地存在所必需的最小腹地，亦称之为需求门槛距离（Threshold），即最低必需销售距离。

服务范围上下限之间存在着三种关系，它们对进一步的分析具有重要意义：①如果门槛距离大于货物的最大销售距离，那么这种货物在该地区就不可能以正常的方式提供。②如果货物的最大销售距离和门槛距离相等，那么，经营该种货物正好能得到利润。③如果货物的最大销售距离大于门槛距离，那么，该项货物不仅可被提供，而且经营者还可从为居住在两个腹地间的人口服务中得到超额利润。

（三）六边形网络理论

1. 基本前提

克里斯泰勒认为在市场原则基础上形成的中心地的空间均衡是中心地系统的基础，提出以下基本前提：

（1）中心地分布的区域为自然条件和自然资源相同且均质分布的平原。人口均匀分布，居民的收入、需求和消费方式相同。

（2）具有统一的交通系统，同一规模的所有城市，其交通便利程度一致。运费与距离成正比。

（3）消费者都到距离最近的中心地就近购买，以减少交通费。

（4）相同的商品和服务在任何一个中心地的价格和质量都相同。消费者购买商品和服务的实际价格等于销售价格加上交通费。

（5）供给中心商品的职能，尽量布局于少数的中心地，并且满足供给所有的空间的配置形式。

2. 均衡模式

在满足上述基本前提的基础下，中心地均匀分布在平原上，同一等级的中心地之间的距离相等，服务范围是相同半径的圆形区。每3个相邻 B 级中心地之间有一个空白区，得不到这 3 个中心地任何一个提供的商品和服务，因此，在这个空白区的中心会产生 1 个次一级 K 级中心地，以满足居民消费；而每 3 个 K 级中心地之间又出现空白，会出现次一级中心地 A 级。依此类推，中心地可以分为许多等级。

由于竞争机制的存在，各个中心地都想扩大服务区范围，相邻的中心地服务区之间将出现重叠，根据到中心地购物的原则，重叠区的消费者将以中心线为界被最近的中心地吸引。于是每个中心地的服务区变成最稳定空间结构的六边形。每个次一级的中心地成为六边形的 6 个顶点，各级中心地组成一个有规律递减的多级六边形图形，形成一般均衡状态下的中心地空间分布模式。

(四) 中心地的原则

1. 中心地体系形成的三个原则

克里斯塔勒认为，有三个条件或原则支配中心地体系形成，它们是市场原则、交通原则和行政原则。在不同的原则支配下，中心地网络呈现不同的结构，而且中心地和市场区大小的等级顺序有着严格的规定，即按照所谓 K 值排列成有规则的、严密的系列。

（1）市场原则与中心地系统。在市场作用明显的地区，中心地的分布要以利于提供商品和服务为原则。根据均衡模式，每个中心地 B 级为周围市场提供的商品和服务是通过 6 个次一级 K 级中心地来实现的，因此，每个 K 级中心地同时接受 3 个 B 级中心地提供的商品和服务。所以，每个 B 级中心地提供给周围 6 个 K 级中心地的总服务量为 $6 \times 1/3 = 2$，即 2 个 K 级中心地的服务量，其自身还有 1 个 K 级中心地的服务量。因此，每个 B 级中心地共有 3 个 K 级中心地的服务量。因此，按照市场原则形成不同等级的空间中心地系统，其排列为 K=3 序列，即在一级中心地所属的 3 个二级市场内，有 1 个一级中心地，2 个二级中心地，其分布呈三角形。市场区的等级序列为 1，3，9，27，81……，公式为 $K = 3n - 1$。而各级中心地的从属关系序列为 1，2，6，18，54……

（2）交通原则与中心地系统。在交通影响明显的地区，交通原则制约着中心地的等级系统，各级中心地都应位于高一级中心地之间的交通线上。但从均衡模式看，两个 B 级中心地间的连线不能包括 K 级中心地，这不符合交通原则，需要调整模式。从交通联系的便捷程度出发，克里斯塔勒把六边形 6 个顶点的各级中心地都布局在六边形六条边的中点上，这样任何一级中心地之间的交通线都可以把低一级中心地连接起来，形成一个新的模式。每个 B 级中心地提供给周围 6 个 K 级中心地的总服务量为 $6 \times 1/2 = 3$，加上自身包括的 1 个，形成 K = 4 的序列，公式为 $K = 4n - 1$，其等级序列为 1，4，16，64……各级中心地的从属关系序列为 1，3，12，48……

（3）行政原则与中心地等级系统。在行政职能作用明显的地区，行政原则制约着中心地的等级系统。克里斯塔勒认为每个中心地在行政管理上只能从属于一个高级中心地，不能像市场原则或交通原则那样同时受到两个或三个高一级中心地的影响。在一个六边形中有 7 个行政单位，其中 1 个高级行政区单位行使对 6 个基层行政单位的管理，从而形成 K = 7 序列，公式为 $K = 7n - 1$，行政区的等级序列为 1，7，49，343……各级中心地的从属关系序列为 1，6，42，294……

2. 中心地三原则的适合条件

在三原则中市场原则是基础，交通原则和行政原则可以看作对市场原则基础上形成的中心地系统的修改，克里斯塔勒进一步分析了三原则的适用范围。

市场原则适用于由市场和市场区域构成的中心地商品供给情况，如资本主义自由竞争时期。交通原则适合新开发区，交通过境地带或聚落呈线状分布区域。在文化水平高、工业人口多、人口密度高的区域，交通原则比市场原则作用大。行政原则适用于具有强大统治机构的时代，或者象社会主义国家以行政组织为基础的社会生活。另外，自给性强，与城市分离，相对封闭的偏远山区，行政原则的作用也比较强。

此外，克里斯塔勒还认为，高级中心地对远距离的交通量要求较大。因此，高级中心地按照交通原则布局，中级中心地按照行政原则布局，低级中心地的按照市场原则布局比较合理。

以上三个原则共同导致了城市等级体系的形成。克里斯塔勒认为，在开放、便于通行的地区，市场经济的原则可能是主要的；在山间盆地地区，客观上与外界隔绝，行政管理更为重要；在年轻的国家与新开发的地区，交通线对移民来讲是"先锋性"的工作，交通原则占优势。克里斯塔勒得出结论：在三个原则共同作用下，一个地区或国家，应当形成如下城市等级体系：A 级城市 1 个，B 级城市 2 个，C 级城市 6~12 个，D 级城市 42~54 个，E 级城市 118 个。

三、国家中心城市

（一）国家中心城市的概念

早在2007年原建设部上报国务院的《全国城镇体系规划（2006~2020年)》中首次提出"国家中心城市"的概念。在其名词解释中指出：国家中心城市是中国金融、贸易、管理、文化中心和交通枢纽，同时也是发展外向型经济和推动国际文化交流的对外门户，表现为全国层次的中心性和一定范围的国际性两大基本特征。

国家中心城市这一概念，改变了中国传统的直辖市、省会城市、地级市、县级市的城镇体系格局，使"中心城市"成为全国城镇体系金字塔的"塔尖"。此后逐步进入国家中心城市视野的分别是：北京、天津、上海、广州、重庆。在2010年2月中国住房和城乡建设部发布的《全国城镇体系规划（草案)》中，从国家层面肯定了国家中心城市在中国具备引领、辐射、集散功能。

（二）国家中心城市建设的重大意义

1. 建设国家中心城市是全球大势所趋

建设国家中心城市意义无须赘言。社会学家认为，随着城市化与全球化时代的来临，一个国家的地位不再是由某一区域大小来定，而是由特大城市的地位所决定。从数据来看，早在2000年，全球GDP的90%已由城镇生产，而这90%中，又有50%以上是由特大城市或大城市，抑或国家中心级别城市生产。其中科研、金融等高端服务的70%以上为"国家中心城市"产出。

国家中心城市是国家经济的聚宝盆，任何发达国家在制定政策时，都不忘建设数量相适应的"国家中心城市体系"。如德国的柏林、法兰克福，法国的巴黎、里昂，美国也有十几个"国家中心城市"。从中国来看，国家中心城市的建设是分批、分级、分类规划和建设的。

国家中心城市是现代化的发展范畴，是居于国家战略要津、体现国家意志、肩负国家使命、引领区域发展、跻身国际竞争领域、代表国家形象的特大型都市。国家中心城市与中国新型城镇化建设密不可分，是实现"城镇化质量明显提高"、推动中国城市现代化进程的必然要求和重要一环。

2. 国家中心城市的国际影响

从概念上讲，国家中心城市是近年来随着我国的区域规划发展而出现的新概念。综合全国城镇体系规划内容、各级政府部门和专家学者的研究成果，一般认为，国家中心城市是指在经济、政治、文化、社会等领域具有全国性重要影响并能代表本国参与国际竞争的主要城市。它是国家战略区域或全国性经济中心，是全球产业链分工体系的重要功能节点，具有较强管理、控制、整合和创新功能，在全国城镇体系中具有核心控制作用，在全球城市体系中具有重要功能节点作用的特大中心城市。

国家中心城市也是一个国家综合实力最强、集聚辐射和带动能力最大的城市代表。国家中心城市的建设发展状况，不仅关乎城市自身地位的巩固和提升，直接影响区域的协调发展，而且关系国家经济社会发展大局，关系国家的国际竞争力和国际地位。

更具体地讲，国家中心城市侧重于对国内的影响，是《全国城镇体系规划纲要》中提出的位于中国城镇体系中最高位置的城市。其对外在发展外向型经济以及推动国际文化交流方面具有重要作用，这类城市有可能发展成为亚洲乃至世界的金融、贸易、文化、管理的中心城市；而对内在全国具备引领、辐射、集散功能的城市，这种功能表现在政治、经济、文化诸方面。

（三）国家中心城市的选择原则

国家中心城市的选择原则大致有三个：

一是坚持与国家战略布局相统一。国家中心城市是国家城镇体系最顶端的城市，肩负着带动周边大区域发展、代表国家参与国际竞争等重任，除了与自身发展基础相匹配，还要符合国防安全、经济发展以及政权统治等战略布局因素。

二是坚持与全国区域发展相协调。目前，国家层面制定的区域发展战略，已逐渐由 20 世纪 80 年代以深圳特区为代表的非均衡发展战略，转变为 20 世纪 90 年代末期以西部大开发、中部崛起、振兴东北老工业基地、东部地区率先发展为代表的均衡协调发展战略。均衡协调发展战略的实施，必然伴随着全国产业、人才、基础设施等要素自东向西的转移和扩散，国家中心城市通过自身综合实力的大幅提升，集聚周边区域优势资源，辐射带动更大范围区域的发展，形成东、中、西三大区域协调发展的格局。

三是坚持区域分工合作、产业互补的原则。任何一个国家中心城市都不是孤立的，必须与周边地区密切合作，按照分工合作、产业配套、产业链互补的集群发展模式进行功能划分，形成城市集群效应，而中心城市成为该集群的"领头羊"。

(四) 国家中心城市的五大特征

国家中心城市是社会高度发展和经济全球化的产物，是空间结构布局中的重要节点。从城市功能和空间产业布局来看，国家中心城市应具备以下五大特征：

一是强大的聚集作用。国家中心城市是社会经济发展的中心和枢纽，具有高度的集聚性和强大的综合实力，形成人口的聚集地、企业的聚集地、产业中心的聚集地，特别是在产业发展方面，如金融中心、贸易中心、物流中心和交通中心等，使国家中心城市在全球产业体系中处于重要的枢纽地位。

二是雄厚的经济实力。国家中心城市既是国家经济发展的核心，又是国际贸易中心，因此必然拥有较高的地区生产总值，具备坚实的发展基础。三次产业体系合理，第三产业逐渐繁荣，成为国家中心城市未来发展的主导产业。

三是突出的文化创新能力。国家中心城市是经济、科技和文化的集聚地，更是人力资源集中区，是人流、物流、资金流和信息流的高度集散地，主要体现在科研环境良好、创新要素众多、科研院所和人才云集、科技成果突出等方面，不间断地开展观念创新、科技创新、经济制度和体制创新。

四是完备的网络辐射体系。国家中心城市拥有完善的交通基础设施、发达的交通网络体系、密集的金融机构、高质量高的服务业，具有较高的城市化率，可以最大限度地吸引资金、人才等社会资源，拉动地方消费，辐射周边区域。经济外向度较高，在国内、国际市场竞争中也具有很大优势。

五是良好的生态环境。空气质量、水资源、城市绿地、城市交通、污染防治等主要生态指标均达到宜居的标准。

（五）国家中心城市的七大功能

国家中心城市要被放在全球城市体系中考察其影响力和控制力。除了拥有一般中心城市的集聚、辐射、服务和创新等功能之外，还应当具备能充分反映其内在特征的七大功能。

一是经济集聚功能。主要体现为经济增长能力和商贸集聚能力，通过城市运转的边际效应、规模效应、成本效应和市场效应，吸引周边的各种资源，使其成为各领域网络体系的中心，发挥强大的商品集聚功能和资源配置能力。

二是空间辐射功能。国家中心城市是国家或地区发展的核心，具有中心引导作用，在自身发展的同时通过各种资源、技术的外溢效应来辐射带动周边地区发展，成为区域增长中心。

三是综合枢纽功能。国家中心城市的综合枢纽功能主要体现为信息枢纽功能和交通枢纽功能，既是国家通信网络的主要节点，是各种知识和信息资源的集散地，在区域发展中发挥着信息决策和协调服务的重要作用，又具备便利的交通区位和完善的基础设施，成为区域物流资源的集散地。

四是对外开放功能。国家中心城市是以国际经济贸易和国际文化交流为核心的区域开放门户，代表国家参与国家竞争与合作，与世界各国建立广泛的政治、经济、文化交流，促进跨国城市之间的联系，推动不同区域的资源整合。

五是文化创新功能。表现为有特色的城市文化，完善的创新机制，较强的科技创新优势，为国家参与国际竞争提供高端的品牌文化和知识资源。

六是管理服务功能。要能够为区域内的经济活动和居民生活提供合理高效的公共管理体系，既能集聚大量高度专业化的服务业，为区域、全国乃至全球提供高质量的服务，又拥有高水准、普惠型的医疗卫生、文化教育事业，满足居民对生活质量的需求，成为区域发展的生产和生活服务中心。

七是生态保护功能。主要表现为资源节约能力和环境保护能力，以舒适宜居的生态环境作为其增长和辐射的外部基础。

四、区域中心城市

（一）区域中心城市的概念

国家区域中心城市是依据城镇体系规划进行对城市的划分，是指中国地理大区的中心城市，处于中国城市体系中的第二层次，次于国家中心城市。每个大区有且只有一座国家区域中心城市，国家区域中心城市的培育将促进区域经济社会的发展，缩小地区间发展水平的差距。国家区域中心城市有可能发展成为中国乃至于亚洲的金融、贸易、文化、管理的中心城市；而对内在其所在地理大区具备引领、辐射、集散功能的城市，这种功能表现在政治、经济、文化、科教、金融诸多方面。

中国国家区域中心城市为沈阳（东北）、南京（华东）、武汉（华中）、深圳（华南）、成都（西南）和西安（西北）。

在20世纪以前，中国行政区划分与管理体制中，城市主要体现在相应的行政管理中心的级别上，城市规模的大小由其行政级别的高低决定。区域性中心城市也往往表现在地理区域，如中国的东北、华北、西北、西南、华中、华南、华东七大区域。

现代区域中心城市与传统概念下的地域性中心城市相比，具有更为科学、更为广泛的内涵。它指的是在一定的区域范围内具有引领、辐射、集散、制衡等作用的主导性城市。它超越原始的自然地理范畴，体现了现代资源、产业、交通、市场、信息、文化地理、政治地理等多层面的领带效应。

某些中小城市的发展也非常迅速，对这些地区的发展起着举足轻重的作用，也需要加以重视。所以，把中心城市建成现代化的区域性中心城市，需要做各方面的工作，其中一项重要工作就是城建，教育、社会、科技、体育也是一个区域必备的基础。

国家区域中心城市是指具有重要区域意义的省会城市及副省级城市，区域中心城市的培育将促进区域经济社会的发展，缩小地区间发展水平的差距。区域中心城市的概念范围在 2010 年 2 月的《全国城镇体系规划（2010~2020 年）（草案）》中被调整为中国地理大区的区域中心，而非省级区域的区域中心。

2010 年 2 月，中华人民共和国住房和城乡建设部城镇体系规划课题组所编制的《全国城镇体系规划（2010~2020 年）（草案）》提升了对区域中心城市的要求，并将原先的省区级的区域概念的范围扩大，并确定中国的区域中心城市为沈阳（东北）、南京（华东）、武汉（华中）、深圳（华南）、成都（西南）、西安（西北）。

（二）区域中心城市的特征

区域性中心城市人口规模较大、经济实力较强、城市功能较完善、腹地范围较广、具有较好的承载力，可以集聚较多的产业与人口，能够在国家和区域经济、社会、文化、科技发展中发挥重要作用的城市。区域性中心城市具有五方面的特征：

第一，人口规模较大。城市人口是城市规模的重要标志，区域性中心城市的人口规模要大于区域内其他城市，具有较高的城市首位度。

第二，经济实力较强。区域性中心城市在本区域内经济总量较高，增长潜力较大，非农产业发展较快，现代产业体系较为成熟，发展前景较好。

第三，城市功能较完善。区域性中心城市能够吸引周边地区的人口、资金、信息等生产要素集聚，产业发展、吸纳就业、人口集聚和公共服务功能较为完善，商贸、教育、文化、医疗等服务业全面发展，具有发展成为都市圈和城市群核心城市的功能基础。

第四，腹地范围较广。腹地是城市发展的重要支撑，是城市基本职能发挥作用的空间所在。在中西部未被都市圈和城市群覆盖的广大地区，区域性中心城市拥有的腹地范围较广，通过消费周边地区生产的农产品、向周边地区提供高质量的工业产品、与周边地区开展产业分工与合作、向周边地区提供较高水平的公共服务、为周边地区培养人才和促进科技发展等方式发挥辐射带动作用。

第五，具有较好的承载力。区域性中心城市必须具有良好的资源环境承载力，发展空间、土地资源、水资源和环境容量等是支撑城市经济社会可持续发展的重要方面。

（三）区域中心城市的功能

区域中心城市在所属区域内具有多种经济功能，对区域经济发展起着极为重要的作用。

1. 聚集功能

聚集是城市的一个核心特征。聚集不仅可使城市本身成为资源要素的聚集地，成为一个区域经济活动的中心，而且可以使城市带动整个区域的发展，实现程度更高、规模更大的聚集，从而形成城市聚集经济及其效应。城市作为聚集的中心，在资本、技术、人才、信息、基础设施、交通运输、市场容量、文化活动以及居住条件等方面，比周边地区拥有更多的优势，使得各种资源、生产要素和生产活动不断向城市聚集，从而产生聚集的规模效应和经济效益，使城市成为区域经济发展的增长点。因此，中心城市的聚集功能较区域内的其他城市更为突出。聚集效益使城市中各行业企业一方面降低了投资费用，另一方面强化了企业间的社会接触，通过竞争激发起企业内在活力，促进社会分工、科学技术与管理的发展。又进一步吸引了许多贸易、金融、科研、教育机构的形成，为企业创造了良好的外部环境，从而创造出巨大的社会生产力和规模聚集效益。由于这种规模聚集效益的作用，中心城市在所属区域内的中心地位和功能会进一步得到加强。聚集效应是一种全方位的外部经济效应，是城市化推进中释放出的巨大能量，又是现代城市发展和城市化进程的重要动力，它所产生的影响、辐射、带动作用，拉动了整个区域经济的发展。如在我国长江三角洲、珠江三角洲及环渤海地区的中心城市，不仅产业聚集和要素聚集程度高，劳动生产率和土地生产率高，经济增长速度快，潜力大，能够为流动人口提供较多的就业岗位，而且辐射能力强，对周边地区的带动作用大，在实现城乡互动和融合发展方面发挥了重要作用。现实证明，发达地区的中心城市成为拉动区域经济强劲发展的重要力量，而且在国内区域间竞争中也处于强势地位。

2. 扩散功能

扩散是城市的另一个显著特性。主观上，城市作为一个确定的利益主体，它总会不断地以自己所具有的实力拓展自己的腹地空间，为自己的产品、服务寻求足够大的市场；客观上，城市以其技术、资金、管理、观念、生产体系等优势提高和带动腹地的经济发展，从而进一步确立对腹地的主导性作用。然而，规模效益并不是要求城市经济规模无限扩大。过分的城市集聚往往会导致集聚不经济，如资源短缺、环境恶化和诸多社会政治问题。在市场经济条件下，城市经济系统受利润和价值规律的支配，本质上有一种与其他经济系统在技术上、经济上、组织上以及再生产过程中相互渗透、融合的趋势。这种趋势包含了四个方面：其一，工业内部各行业的渗透；其二，产业间的相互渗透；其三，城乡之间的相互渗透；其四，城市与区域之间的相互渗透。它们的共同组合形成城市的扩散效益。这种扩散趋势的存在保证了集聚在一个合适的度内进行，从而保证了集聚的效益。另外，扩散是为了进一步增强集聚的能力。城市的产品与服务最终必须在市场上才能实现，但城市本身的市场是有限的，因此，城市必须向农村、向其他城市扩散。通过这个扩散过程，城市的实力进一步增强，集聚力进一步增加。

城市的扩散功能主要源于中心城市自身结构的优化、科技进步的推动，也由于规模效益的消失，土地价格上涨，生活费用攀升。当经济发展到一定阶段，中心城市的扩散是不以人的意志为转移的客观规律。其扩散形式主要有周边式扩散、等级式扩散、跳跃式扩散、点-轴式扩散等。虽然事实上经济中心城市的扩散并不单纯采取一种形式，往往呈现混合式扩散，但近年来特别引人注目的是点-轴式扩散形式，即由中心城市沿主要交通干道串珠状向外延伸，从而形成若干扩散轴线或产业密集轴带，反映出交通干道往往是产业经济向外扩散的基本传递手段，它们在形成合理的经济布局、促进区域经济增长中发挥着极其重要的作用。

3. 创新功能

城市的创新功能是指一个城市根据经济发展的规律和趋势不断创造新观念、新技术和新制度的能力。资金、技术、人才等各种生产要素的聚集为中心城市营造了创新的环境，能够不断开发和推广新技术、新工艺，更新观念并提出新的经营理念或新的经济思想，勇于探索和尝试新制度、新机制。区域中心城市将先进的经济观念、生产技术、经营管理方式和生活方式扩散到周边地区，不仅可以提高自身的竞争力，而且有利于巩固其在所属区域中的核心地位。

4. 龙头作用

区域中心城市凭借各种优势，吸引区域内的资源、资金、人才、信息、产业等生产要素向该城市聚集，从而产生规模聚集效益，提高城市经济效率，使区域中心城市成为所属区域中经济发展的龙头。首先，区域中心城市对周边地区具有示范效应。区域中心城市作为区域中的龙头，在经济发展、科技进步、生活方式的改变等各个方面都走在周边地区的前面，对周边地区具有很强的示范效应。其次，区域中心城市发挥调节功能促进区域经济协调发展。区域中心城市通过发挥聚集功能和扩散功能，能够对区域内部发展横向经济实行有效的控制和引导。最后，区域中心城市能够调节区域内的社会再生产系统，并控制、协调、监督其运行，通过统筹运用经济杠杆，中心城市能够加强区域经济的综合平衡。总之，中心城市通过发挥调节功能，可以加强区域内的经济联系和合作，有利于促进区域经济的协调发展。

5. 窗口示范作用

区域中心城市作为所属区域的发展中心，是区域内对外开放程度最高的城市，是区域对外交流的窗口。首先，区域中心城市是让外界了解所属区域的窗口。由于区域中心城市经济发展迅速，在区域内占据主导地位，外界往往通过这些城市来了解它们所属区域的情况。其次，区域中心城市是将所属区域推向外界的窗口。区域中心城市代表所属区域进入国内外市场，参与国内外分工和世界经济循环，从而将所属区域推向外界。因此，区域中心城市是联结国内外两个市场、两种资源的纽带，是区域对外联系的桥梁。随着区域中心城市的发展，整个区域的对外开放领域会进一步扩大，外向型经济会向深度和广度进一步提升，经济实力和国际竞争力也会不断增强。随着经济发展和城市化进程的加快，区域中心城市不断发展壮大，在国家和地区乃至世界经济中占据重要地位。面对国内外日益激烈的区域竞争和城市竞争格局，我们应积极培育和扶持区域中心城市，不断增强其竞争力，充分发挥其功能和作用，促进区域和整个国家的持续快速协调健康发展。

第三节 城市群

一、城市群的概念

城市群是城市发展到成熟阶段的最高空间组织形式，是指在特定地域范围内，一般以 1 个以上特大城市为核心，由至少 3 个以上大城市为构成单元，依托发达的交通、通信等基础设施网络所形成的空间组织紧凑、经济联系紧密、并最终实现高度同城化和高度一体化的城市群体。城市群是在地域上集中分布的若干特大城市和大城市集聚而成的庞大的、多核心、多层次城市集团，是大都市区的联合体。

目前全球范围内普遍认同的世界级城市群有六个：美国东北部大西洋沿岸城市群、北美五大湖城市群、日本太平洋沿岸城市群、英伦城市群、欧洲西北部城市群、长江三角洲城市群。

2012 年发布的《2010 中国城市群发展报告》称长江三角洲城市群已跻身六大世界级城市群。2015 年，世界银行报告显示，珠江三角洲城市群成为世界人口和面积最大的城市带。

2018 年 11 月 18 日，中共中央、国务院发布的《中共中央 国务院关于建立更加有效的区域协调发展新机制的意见》明确指出，京津冀城市群、长三角城市群、粤港澳大湾区、成渝城市群、长江中游城市群、中原城市群、关中平原城市群等城市群推动国家重大区域战略融合发展。

所谓城市群是在特定的区域范围内云集相当数量的不同性质、类型和等级规模的城市，一般以一个或两个（有少数的城市群是多核心的例外）特大城市（小型的城市群为大城市）为中心，依托一定的自然环境和交通条件，使城市之间的内在联系不断加强，共同构成一个相对完整的城市"集合体"。

城市群是相对独立的城市群落集合体，是这些城市城际关系的总和。城市群的规模有一定的大小，有核心城市，一般是一个核心城市，有的是两个，极少数的是三四个，核心城市一般为特大城市，有的为超大城市或大城市。

城市群（又称城市带、城市圈、都市群或都市圈等）指以中心城市为核心，向周围辐射构成城市的集合。城市群的特点反映在经济紧密联系、之间的产业分工与合作，交通与社会生活、城市规划和基础设施建设相互影响。多个城市群或单个大的城市群即可构成经济圈。

中文"城市群"（城市圈）为中国自 20 世纪 90 年代以后常用的地域经济用语，1994 年 5 月版《结构论》①用了"城市群"来分析大河流域与湖泊、海岸交汇区域形成的亚文化圈城市网络，提出长江、黄河的上、中、下游城市群，美国的东西海岸线、五湖区与密西西比河流域，以及欧洲的城市群与著名大学网络等地缘文化学。之前常直接借用日文"都市圈"（都市群）表示同一概念，日文"都市圈"即英文 Metropolitan Co-ordinating Region 之含义，北美地区的 Metropolitan Area，中文译作"大都会"或"都会区"，和"都市圈""城市圈"表示的意义相同或相近。

城市群是在城镇化过程中，在特定的城镇化水平较高的地域空间里，以区域网络化组织为纽带，由若干个密集分布的不同等级的城市及其腹地通过空间相互作用而形成的城市-区域系统。城市群的出现是生产力发展、生产要素逐步优化组合的产物，每个城市群一般以一个或两个（有少数的城市群是多核心的例外）经济比较发达、具有较强辐射带动功能的中心城市为核心，由若干个空间距离较近、经济联系密切、功能互补、等级有序的周边城市共同组成。发展城市群可在更大范围内实现资源的优化配置，增强辐射带动作用，同时促进城市群内部各城市自身的发展。

---

① （上海、北京图书馆，1991~1993 年曾邦哲论文集）。

虽然学者们对城市群概念的表述并不一致，但认识渐趋一致，即城市群是由很多城市组成的，彼此的联系越来越紧密，共同对区域发展产生影响。城市群是工业化、城市化进程中，区域空间形态的高级现象，能够产生巨大的集聚经济效益，是国民经济快速发展、现代化水平不断提高的标志之一。

从概念的起源看，城市群是从大城市演化而来的。戈特曼首次以Megalopolis 来为城市群命名，其重要意义在于：一是超越了 19 世纪以来城市社会学对 Megalopolis 的道德批判语境和价值态度，使一种针对城市群的客观和理性研究成为可能；二是为这个概念赋予了全新的质的内涵和意义，揭示出当今城市从传统的单体城市向城市共同体转型发展的新模式与新形态。进一步说，Megalopolis 既是传统大城市概念的进一步延展，也是人类城市发展的当代模式与最新形态，其最突出的特征在于：这种新型大都市不再是单体城市而是一个城市共同体。就此而言，也可以说"大都市就是城市群"。

二、城市群集聚与溢出效应

佩鲁（1950）的增长极理论和弗里德曼（1966）的中心–外围理论被应用于区域经济研究，两者为区域经济学的理论基础和研究范式奠定了基础。城市群发展过程中会产生城市群内资源集聚效应和非城市群辐射带动效应，以及城市群产业分工可以缩小中心城市与非中心城市的增速差距，促进城市间高质量增长（宋德勇等，2021）。

（一）城市群的聚集效应

（1）城市群与资源集聚。城市由集聚经济形成并发展起来，而城市群是集合不同等级规模和不同经济体量的城市资源而形成的，市场规模体量很大，对不同的经济活动和经济要素向城市群内部集聚有极大的吸引力。随着社会发展和技术进步，世界各国都在推动城市化进程，逐步形成了世界著名大型都市圈，如亚洲的超级城市群、美国的大都会区和西欧的大城市圈等（Abaya，2017；Qiaoetal，2014）。近年来，中国也在不断推进城市群的发展，据统计，中国约有 25% 的国土面积建立了城市群，其集聚了总人口的 75%，承载了经济总量的 88%。中国城市群的发展对区域经济增长起到重要促进作用，但同时也产生了经济活动和经济要素在区域空间发展不平衡的结果（唐保庆等，2018）。

（2）城市群与产业集聚。从产业结构的角度来看，一体化政策促进产业集聚，集聚经济能够提升城市的专业化水平，降低交易成本，提高生产效率。制造业集聚产生制造业服务化的需求，促使一部分劳动力从制造业分离出来，转向服务业，产生了生产性服务业的集聚效应和规模效应，有利于城市群经济发展，进一步吸引大量的人口向城市群集聚和扩大经济活动规模，使得城市群的产业比单个城市具备更大的规模效应。因此，城市群比单个城市产业集聚能力更强。孙克等（2018）测算了2003~2014 年长江中游城市群的集聚程度和生产性服务业水平，研究结果表明该城市群生产性服务业发展呈现明显的中心-外围格局，且该格局导致的空间效应主要表现为虹吸效应。胡森林（2020）研究长江经济带的产业集聚与演化特征，发现资本密集型产业表现为多样化集聚特征，技术密集型产业呈现规模不等的集聚连绵区特征，劳动密集型产业形成"大分散、小集聚"的分布模式。

（二）城市群的溢出效应

城市群溢出效应可分为点和线两种辐射类型。其中，点辐射表现为中心城市向周边城市扩散，线辐射表现为沿交通干线向上下游地区推进。中心城市首先成为经济活动和经济要素集聚中心"点"，然后在各区交通干线网络布局下形成"轴"，在点和线的辐射作用下，逐步形成以节点城市和辐射干线为特征的区域一体化形态。

城市群溢出效应测算。目前，学术界对城市群溢出效应测算可分为三类：一是空间计量模型应用。朱虹等（2012）以经济收敛模型为基础，通过构建计量经济模型和稳健性检验考察城市群中心城市的辐射影响力差异，北京经济辐射影响力表现为空吸，而上海则相反。二是引力模型优化。在引力和辐射作用理论基础上，结合引力与空间计量模型，比较长江经济带三大城市群的中心城市向周边城市在区域和产业的辐射影响力，研究发现上海呈现扩散作用，武汉和重庆呈现极化作用。中心城市对周边城市扩散作用与产业分工互为正向关系，辐射影响力强度同时受到区域政策和地理位置等多种因素的影响。三是引力模型与空间计量模型相结合。韩冬（2020）分析对比两大城市群辐射影响力差异，发现北京表现为极化效应，上海表现为扩散效应，而且北京辐射影响力高于上海，以极化效应为主导的北京，其地理距离是影响辐射强度大小的主要因素。

城市群溢出路径。城市群溢出路径一般可分为两种形式：一是城市群内中心城市向非中心城市产生的辐射；二是城市群整体对非城市群区域的辐射。在城市群一体化初期，城市群溢出能力主要体现在中心城市的单点辐射功能，当城市群一体化进入成熟期，城市群内会有新的副中心城市产生，区域呈现向多中心转变，此时城市群表现为城市群整体向非城市群地区辐射。肖金成和李博雅（2020）提出城市群中心城市处于区域核心位置，具有经济活动和经济要素的优势，容易产生集聚效应，对周边城市的辐射带动效应也非常明显，其功能主要体现在经济拉动、创新辐射和服务支撑三个方面。经济拉动功能是城市之间协同发展的基础，城市群依靠自身强大的经济能力对周边城市发生作用；服务支撑功能是城市之间协同发展的保障，城市群综合服务能力可为周边城市提供城市基础设施建设。以城市群带动周边城市之间协同发展，体现我国经济社会发展过程中先集聚成点、后扩散于带、再辐射为面的发展模式，而且可以调整我国产业与人口结构不匹配的现状。城市群辐射伴随着劳动人口流动，城市群内城市由于生活成本的提升，自然会淘汰一批低技能、低工资的人口向周边城市迁移。

三、城市群的分类

（一）世界成熟城市群

按照戈特曼的标准，世界上有六大世界级城市群（或大都市连绵带），分别是：以纽约为中心，包括波士顿、费城、巴尔的摩、华盛顿几个大城市的美国大西洋沿岸城市群；以芝加哥为中心，包括芝加哥、底特律、克利夫兰、匹兹堡和加拿大的多伦多、蒙特利尔等大城市的北美五大湖城市群；以东京为中心，包括千叶、横滨、静冈、名古屋，到京都、大阪、神户等城市的日本太平洋沿岸城市群；以伦敦为中心，以伦敦-利物浦为轴线，包括大伦敦、伯明翰、谢菲尔德、利物浦、曼彻斯特等大城市的伦敦大都市圈；以巴黎为中心，包括阿姆斯特丹、鹿特丹、海牙、安特卫普、布鲁塞尔、科隆等大城市的欧洲西北部城市群；以上海为中心，包括南京、苏州、无锡、常州、徐州、杭州、宁波、嘉兴等16个大城市的中国长江三角洲城市群。2012年，六大世界城市群平均人口数量超过6000万，平均占地面积超过10万平方千米，人口密度接近600人/平方千米。其中除伦敦大都市圈外，人口数量都接近或超过5000万，占地面积均超过10万平方千米；除北美五大湖城市群和欧洲西北部城市群外，人口密度均超过700人/平方千米。此外，欧洲城市化进程早，城市群发育较成熟，其中荷兰兰斯塔德城市群、巴黎法兰西岛城市群、英格兰东南部城市群、比利时法兰德斯城市群、德国莱茵-鲁尔城市群和德国莱茵-美茵城市群6个城市群比较有代表性，它们的平均人口规模接近800万，平均占地面积约1.3万平方千米，平均人口密度超过600人/平方千米。可见，世界上成熟城市群均具有总体规模较大、人口密度较高、发展水平较高的特点。

（二）我国城市群的等级划分

1. 我国城市群的等级

我们依据中国国情和现阶段城市群发展实际，参照城市群等级划分的有关研究，从人口数量、占地面积两个规模指标和人口密度、城镇化率两个集聚指标，综合拟定中国城市群 4 个等级的划分标准。按照至少 3 个指标值接近或超过各级标准的城市群划入相应等级的要求，中国 23 个城市群呈现"3-5-6-9"的金字塔型等级结构（见表 3-1）。

第一级城市群人口、面积、密度和城镇化率的最低标准分别为 5000 万、6 万平方千米、600 人/平方千米和 60%，均接近世界级城市群的规模和集聚水平，包括长三角、珠三角和京津冀 3 个国家级城市群。这 3 个城市群常住人口和 GDP 分别占全国城市群的 32.44% 和 45.95%，是中国经济社会发展的三大引擎，其辐射波及多个省份，具有全国战略意义，除了长三角已经是世界级城市群外，京津冀和珠三角也均有发展为世界级城市群的潜力。其中，京津冀城市群目前的规划范围偏大，平均的人口集聚水平相对较低，尚未达标。

第二级城市群人口、面积、密度和城镇化率的最低标准分别为 3000 万、5 万平方千米、400 人/平方千米和 55%，包括山东半岛、辽东半岛、武汉、中原和成渝 5 个区域级城市群。这 5 个城市群常住人口和 GDP 分别占全国城市群的 34.27% 和 28.69%，人口集聚能力远大于经济集聚能力，其影响范围大多超出省区，是区域工业化和城镇化的重要载体，具有区域战略意义。其中，成渝城市群规划范围较大，人口聚集水平较低，人口密度值接近标准，但城镇化率低于标准较多；中原城市群经济发展水平较低，城镇化率尚未达标。

第三级城市群人口、面积、密度和城镇化率的最低标准分别为 1500 万、3 万平方千米、300 人/平方千米和 50%，包括海峡西岸、长株潭、江淮、环鄱阳湖、南北钦防和关中 6 个次区域级城市群。这 6 个城市群常住人口和 GDP 分别占全国城市群的 17.99% 和 13.60%，人口集聚能力略大于经济集聚能力，在省域范围发挥着引领作用。其中，南北钦防城市群人口规模和集聚水平均较低，尚未达标。

第四级城市群人口、面积、密度和城镇化率的最低标准分别为 500

万、2 万平方千米、200 人/平方千米和 45%，包括哈大长、晋中、呼包鄂、银川平原、酒嘉玉、黔中、天山北坡、兰白西和滇中 9 个地区级城市群。这 9 个城市群常住人口和 GDP 分别占全国城市群的 15.30% 和 11.83%，人口和经济集聚能力均较弱，仅在小范围发挥引领作用。其中，除哈大长、晋中、兰白西和滇中基本达标外，其余 5 个地区人口集聚程度太低，尚不能称为严格意义的城市群。如呼包鄂、银川平原、酒嘉玉和天山北坡 4 个位于西北地区的"城市群"，虽然城镇化率很高，但人口密度均低于全国平均水平 143 人/平方千米，尤其酒嘉玉人口密度仅有 7 人/平方千米，故在后文定量聚类时予以剔除；黔中虽然人口密度接近 200 人/平方千米，但城镇化率仅有 34.61%，与最低标准 45% 差距较大（见表 3-1）。

2. 我国城市群空间格局的形成方案

国内学者从不同视角提出了中国城市群空间组织格局的不同方案，包括"5+6+11"的空间组织格局、"5+9+6"的空间组织格局、"3+7+17"的空间格局、"3+3+7+17"的新格局、"10+6"的新格局、"10+3"的新格局，等等。总体来看，各种方案对于重点建设的 5 个国家级城市群达成了高度共识，对于建设的若干个区域性城市群基本达成共识，但数量不一致，对于建设的地区性城市群的方案争论很大，意见不一。

（1）"5+6+11"的新格局。徐匡迪院士提出了中国未来城市群建设的"5+6+11"新格局，即建设 5 个国家核心城镇群，包括珠三角城市群、长三角城市群、京津冀城市群、成渝地区城市群、长江中游城市群；建设 11 个区域支撑城镇群，包括山东半岛、辽中南、中原、关中-天水、北部湾、黔中、太原、呼包鄂榆、宁夏沿黄、兰州-西宁、淮海（徐淮）城市群；建设 6 个战略支点城镇群，包括海峡西岸、海南（南海）、天山北坡、哈长、滇中、藏中南地区。并提出到 2030 年，中国新型城镇化重点是"京津冀协同发展""丝绸之路经济带的城市化"以及"长江经济带城市群"。新时期的城镇化要以人的城市化为核心，注重城市群之间的分

表3-1　中国城市群等级划分四项指标及基本信息一览表

等级	城市群名称	常住人口/万	占地面积（平方千米）	人口密度（人/平方千米）	城镇化率（%）	常住人口占比（%）	GDP占比（%）	个数
国家级	长三角城市群	10166.38	100504	1012	70.52	32.44	45.95	3
	珠三角城市群	5611.83	55570	1010	82.74			
	京津冀城市群	8378.53	182501	459	59.95			
指标标准		≥5000	≥60000	≥600	≥60	—	—	
区域级	山东半岛城市群	4375.53	74074	591	57.77	34.27	28.62	5
	辽东半岛城市群	4070.16	127469	319	63.95			
	武汉城市群	3024.29	58066	521	55.95			
	中原城市群	4153.14	58840	706	45.73			
	成渝城市群	9895.13	252073	393	45.66			
指标标准		≥3000	≥50000	≥400	≥55	—	—	
次区域级	海峡西岸城市群	2918.57	56098	520	59.23	17.99	13.60	6
	长株潭城市群	1464.83	28078	522	56.82			
	江淮城市群	3569.00	86172	414	48.71			
	环都阳湖城市群	1906.35	57832	330	49.13			
	关中城市群	2319.98	55451	418	49.99			
	南北钦防城市群	1214.75	42514	286	46.33			
指标标准		≥1500	≥30000	≥300	≥50	—	—	
地区级	哈大长城市群	3388.04	185576	183	54.81			

续表

等级	城市群名称	常住人口/万	占地面积（平方千米）	人口密度（人/平方千米）	城镇化率（%）	常住人口占比（%）	GDP占比（%）	个数
地区级	晋中城市群	881.95	27925	316	64.89	15.30	11.83	9
	呼包鄂城市群	745.77	131744	57	70.35			
	银川平原城市群	507.32	52170	97	54.06			
	酒嘉玉城市群	132.69	196909	7	58.15			
	黔中城市群	1946.35	104597	186	34.61			
	天山北坡城市群	392.76	31721	124	87.84			
	兰白西城市群	1217.90	70398	173	45.29			
	滇中城市群	2177.61	94204	231	43.75			
指标标准		≥500	≥20000	≥200	≥45	—	—	

工协同，"四化"（工业化、信息化、城镇化、农业现代化）融合发展，并将生态修复与水资源保护、绿化隔离带建设放在城市群规划的首要位置。

（2）"5+9+6"的新格局。方创琳等（2017）根据城市群识别的基本定量标准，提出了中国未来城市群建设的"5+9+6"的新格局，建议重点从培育国家新型城镇化政策作用区的角度出发，科学培育大、中、小不同层级规模和梯度发展的中国城市群，分层次建设好5个国家级的大城市群（长江三角洲城市群、珠江三角洲城市群、京津冀城市群、长江中游城市群和成渝城市群）、9个区域性的中等城市群（哈长城市群、山东半岛城市群、辽中南城市群、海峡西岸城市群、中原城市群、关中城市群、江淮城市群、北部湾城市群和天山北坡城市群）和6个地区性的小城市群（呼包鄂榆城市群、晋中城市群、宁夏沿黄城市群、兰西城市群、滇中城市群和黔中城市群），促进大、中、小不同层级规模的城市群协同发展，形成由大、中、小城市群协同发展的"5+9+6"中国城市群空间结构新体系。

（3）"3+3+7+17"的新格局。顾朝林等（2016）在中国城市体系空间格局中，将全国划分为3大都市连绵区、3大城市密集区、7大城市群和17个城市发育区，其中，3大都市连绵区包括长江三角洲大都市连绵区、珠江三角洲大都市连绵区和京津地区大都市连绵区；3大城市密集区包括辽中南城市密集区、胶济沿线城市密集区和闽东南沿线城市密集区；7大城市群包括江汉平原城市群、中原地区城市群、松嫩平原城市群、湘中地区城市群、四川盆地城市群、三峡地区城市群、关中地区城市群；17个城市发育区包括河北中南部城市发育区、苏鲁皖交界地区城市发育区、广东南部城市发育区、广西南部城市发育区、海南东部城市发育区、黑龙江东北部城市发育区、吉林中部城市发育区、山西中部城市发育区、安徽中部城市发育区、江西北部城市发育区、内蒙古中部城市发育区、宁夏内蒙古黄河上游沿线城市发育区、甘肃青海城市发育区、新疆天山北坡城市发育区、贵州中部城市发育区、云南东部城市发育区、西藏城市发育区。

（4）"10＋6"的新格局。肖金成（2020）将城市群划分为10大成熟城市群和6大新兴城市群。10大成熟城市群包括长江三角洲城市群、珠江三角洲城市群、京津冀城市群、辽中南城市群、山东半岛城市群、长江中游城市群、川渝城市群、海峡西岸城市群、中原城市群和关中城市群。6大新兴城市群包括北部湾城市群、江淮城市群、湘东城市群、吉林中部城市群、哈大齐城市群和天山北坡城市群。

（5）"10＋3"的新格局。宁越敏等（2013）根据大都市区空间分布的研究结果，认为长三角城市群、珠三角城市群、京津唐城市群、山东半岛城市群、辽中半岛城市群、哈尔滨-齐齐哈尔城市群、长春-吉林城市群、中原城市群、闽南地区城市群、成渝城市群10个地区均有2个百万人以上的大都市区以及一批50万~100万人的都市区，这些都市区沿交通干线相互连接，形成了彼此间有着密切社会经济联系的城市群。此外，武汉城市群、长株潭城市群、关中城市群3个地区虽无2个百万人以上的大都市区，但核心都市区的人口都超过200万。这样，中国合计有13个规模较大的城市群。

（6）"6＋7"的新格局。1992年姚士谋在其著述《中国的城市群》中提出了"6＋7"的划分方案。6个超大城市群包括沪宁杭地区城市群、京津唐地区城市群、珠江三角洲区域城市群、山东半岛城市群、辽中南地区城市群、四川盆地城市群。7个近似城市群的城镇密集区包括关中地区城镇密集区、湘中地区城镇密集区、中原地区城镇密集区、福厦城市密集区、哈大齐城市地带、武汉地区城镇群、台湾西海岸城市带。

（7）"3＋7＋17"的新格局。清华大学武廷海教授基于对不同城市及其联系的定量分析，进一步考虑城市的行政等级、战略意义、国家规划定位，提出中国城市群的基本空间格局由3个一级世界级城市群、7个二级重点城市群和17个区域性城市群共27个城市群组成，其中，3个一级世界级城市群包括长三角地区、珠三角地区和大北京地区；7个二级重点城市群包括成渝城市地区、中原城市群、大武汉地区、山东半岛城市群、海峡西岸城市群、辽中南城市群和济南都市圈；17 个区域性城市群包括长株潭城市群、徐州都市圈、石家庄都市圈、阜阳都市圈、关中城市群、潮汕城市群、北部湾城市群、合肥都市圈、南昌都市圈、温-台城市群、哈尔滨都市圈、贵阳都市圈、长春都市圈、襄阳都市圈、琼州海峡城市群、太原都市圈和兰州都市圈。

3. 我国城市群存在的问题和发展模式

（1）京津冀城市群协同发展存在的问题和空间布局优化模式。顾朝林等（2007）认为，要优化京津冀城市群空间布局及规划的协调机制。做研究不是做决策，也不是做自主决策系统，主要是给做决策的机构、领导提供基本框架、数据。但京津冀发展面临挑战与城镇空间布局的调整，表现为：一是区域生态退化，环境污染严重；二是产业转型升级滞后，重化工倾向严重；三是贫富差距扩大，社会矛盾日趋激化。未来发展要科学突破生态系统的极限，遵循城市系统与生态文明法则，保持自然平衡，维护城市的生态系统。摒弃传统的以规模论城市的发展思路、组织结构和形态，建设特色自立新城。科学认识城市群水资源，从长远看，通过京津冀的协同发展，可以为首都圈绿色发展提供资源保障，也能够解除北京首都圈发展水资源短缺的后顾之忧。要突破"摊大饼""单中心"城市结构，建"多中心-网络化-功能区-通道脊"的城市，早期"摊大饼"具有合理性和必然性，未来构建"双核多心网络"城镇布局空间格局。在未来一段时期内，京津冀地区城镇空间布局将形成"众星拱月"状的"双城记"城镇空间布局形态。构建沿海经济产业带、环首都东南新兴产业带、环首都西北绿色产业带和扶贫开发与特色生态产业带。建立分圈层的空间发展框架，建立拓展圈、通勤圈、同城化发展圈、城际间紧密协作圈、北京经济辐射圈、统筹发展圈 6 个圈层空间发展框架。以京津冀城镇一体化发展为核心，构建"两纵四横"的城镇空间发展轴。对京津冀而言，要维护城市群的发展，必须解决水的问题。

杨开忠提出，京津冀城市群协同发展的使命与责任在于构建"一圈、一极、一体、两区"的协同发展格局。"一圈"是面向未来打造新的首都都市圈；"一极"是国家空间经济协同发展极；"一体"是国家创新中心区域共同体；"两区"指国家生态文明区域协同建设示范区和国家区域治理现代化首善区。并建议京津冀城市群总体布局形态为飞机型——一轴两翼加沿海一带。一轴：京津发展轴；两横：京唐秦发展轴和京保石发展轴；两纵：滨海新区发展轴和京石邯发展轴；三区：北部生态涵养区、中部发展引领区和南部绿色崛起区。五圈：北京通勤圈、天津通勤圈、唐山通勤圈、石家庄通勤圈、沧州通勤圈。多中心：双两城：北京、天津；四副心：唐山、石家庄、沧州、邯郸；七次中心：秦皇岛、邢台、保定、张家口、承德、廊坊、衡水；四新区：滨海新区、曹妃甸新区、渤海新区、北戴河新区。建议把石家庄、沧州、黄骅港这条线上升到战略发展，把沧州建成区域中心城市。

（2）长江三角洲城市群发展存在的问题与扩围模式。倪鹏飞认为，长三角世界超级城市群将基本形成世界第一超级经济区，长三角世界超级城市群扩围后的定位为：全球经济科技的新中心，长江经济带沿海经济带海洋经济区的枢纽和中心，"丝绸之路经济带"和"21世纪海上丝绸之路经济带"的总枢纽。虽然建设沪苏浙皖长三角超级经济区的基础坚实、前景广阔，然而目前仍存在一些问题，制约了这一超级经济区的结构优化与质量提升，主要体现为：战略与规划相对滞后；空间瓶颈制约经济外溢，城市病日益凸显；利益协调机制有待完善；公共治理体系严重缺失；产业集群程度与创新能力不足；基础设施体系缺乏协调。应采取"政府引导、市场运作、各方参与"的开发模式，具体提出以下几点建议：①制定促进区域合作的战略规划。优化带动纵深发展的空间布局，按照"北进南优、西联东拓、中扩提"的布局原则，优化区域空间布局，构建以上海为中心的扇形空间结构。②完善平衡各方利益的协调机制。建立深化区域一体的公共治理体系。③培育提升竞争优势的产业集群。④构建支撑全域发展的基础设施体系，将沪苏浙皖长三角经济区开发上升为国家战略，并修改长三角规划，把安徽纳入，重视江苏的江北地区开发。

（3）珠江三角洲城市群发展面临的挑战与"两条腿"并重的发展模式。周春山认为，珠三角城市群是中国最早的三大城市群之一，是国家重点建设的国家级城市群。从历史回顾看，珠三角城市群经历了农村工业化主导和城市主导的城镇化两个过程，市场力量和政策力量推动了城市群发展，可以划分成农村工业化、城镇区域化和大都市区化三个发展阶段。从发展现状看，珠三角城市群表现出经济逐步由高速增长向中高速增长过渡、人口增长趋缓、产业东西岸分工差异明显、内外联系加强、珠三角建设用地逐渐趋缓、环境治理初见成效等一系列特征。在未来的发展中，珠三角城市群应充分把握好海上丝绸之路、新技术和新的全球分工带来的机遇，积极面对劳动力供给、大市场转变、路径依赖突破、粤港澳合作、包容性增长和空间紧缺带来的挑战，为将珠三角城市群建设成为世界级城市群努力奋斗。珠三角建设世界级城市群的目标，应该"两条腿"并重，建成世界先进制造业和现代服务业基地；同时建成面向全球特别是亚非拉地区的核心经贸区和中国"21世纪海上丝绸之路"的战略枢纽。

（4）辽中南城市群发展面临的空间割裂问题与空间整合模式。韩增林认为，辽中南城市群建设面临着空间割裂与整合。辽中南城市群内部，客观上存在沈阳、大连两大核心城市，并且围绕两大核心城市逐渐形成辽中和辽南两大城市地域组团。即：以沈阳为中心的辽中城市组团，以大连为中心，包含营口和丹东的辽南城市组团。这种地域分化在沈阳经济区和辽宁沿海经济带两大国家战略出台后，进一步强化。空间割裂导致的主要问题为：两大战略客观上强化了行政分割，为省级决策层协调增加了难度；两大板块在产业发展方向上的冲突，加剧了结构趋同；港口恶性竞争加剧，并导致临港产业布局乱象。促进辽中南城市群空间整合的对策建议为：成立省级层面的两大区域统一协调机构，制定统一的区域产业联动发展战略，加快基础设施一体化建设，加快体制机制创新，推动区域合作。

（5）哈长城市群的空间范围识别与"井"字形空间组织模式。杨青山认为，哈长城市群划界主要是从以下几个方面进行把握：明确国家战略意图；科学划定城市密集区；借鉴国内相关研究成果；确定划分原则；划分结果评价与论证。哈长城市群的空间培育战略为"二核、三群、四轴、一网"的城市群空间格局，"二核"即哈尔滨都市圈和长吉一体化都市区；"三群"即哈大齐绥城镇组群、吉林中部城市组群和沿边城镇组群；"四轴"即哈大城镇发展轴、哈大齐牡城镇发展轴、图乌城镇发展轴和东部沿边口岸城镇发展轴，不仅突出了传统滨州滨水的轴线，也突出了哈大齐，更突出了空间开发的"中蒙大通道"轴线，同时突出了东部延边经济带轴线，构成"井"字形的空间发展框架；"一网"即在"点-轴"系统基础上形成城市群发展的网络。哈长城市群的培育战略主要包括"内聚外联"的开发开放联动战略，"枢纽–枢纽区域–枢纽网络"的培育战略，适度超前的基础设施建设战略。

修春亮认为，哈长城市群的培育应该是分进式一体化。有序、分阶段地推进；通过局部的、次级尺度的一体化进行城市群的培育，作为重要的基础阶段；分部门推进。近期，推进哈尔滨都市圈、长吉一体化区域、长春经济圈建设，形成比中心城市尺度更大的经济核心区，防治大城市病；中期，推进轴带式一体化综合开发；远期，进行网络式一体化开发，形成哈长城市群"风车"型高速（快速、城际）铁路网；建设高水平的中部城市群公共信息平台；形成完善的城市群区域治理体系，促进城市群的一体化实质性发展。

（6）中原城市群培育的迷失反思与整合模式。王发曾等（2005）认为，中原城市群整合的归宿是大郑州都市地区，大郑州都市地区必将在发展势能的内聚中矗立中原，在发展动能的外联中俯仰中华。

苗长虹认为，中原城市群在构建中存在着迷失，中原城市群从9个城市到全省 18 个地市再到中原经济区 32 个市（县）的扩展是否已超越了城市群概念的内涵？为什么会这样？如果城市群作为一个实体，它的边界怎么划分？是 9 个地市？是全省 18 个地市？还是中原经济区 32 个市（县）？此外，城市群和经济区之间究竟是怎样的关系，很多时候把城市群概念和经济区概念套在一起来使用。另外，还有主体功能定位的冲突，中原经济区的定位是"国家重要的粮食生产和现代农业基地"，中原城市群的定位是"加快产业集群发展和人口集聚，建设引领区域经济发展的重要增长极"，这两个主体功能定位实际上是有冲突的。

（7）关中城市群发展存在的问题与均衡组织模式。陈天如认为，关中城市群建设是共建丝绸之路经济带的战略支撑点，是全国区域协调发展的重要增长极，是陕西省推进城镇化的引擎，是加快陕甘宁革命老区发展的迫切需求。关中城市群拥有良好的自然基底，丰厚的历史文化积淀，领先的科研教育资源，雄厚的产业发展基础和全国重要的交通枢纽。关中城市群发展中存在的问题包括综合发展水平较低，历史文化资源优势没有充分发挥，门户发展程度不高，通道特征明显，大中小城市缺乏协作，首位度比较高，西安一城独大，产业结构层次偏低，特别是第三产业发展缓慢，生态问题突出，环境保护压力大。关中城市群发展思路为拓展规划范围，将延安、商洛纳入关中城市群规划范围，优化城镇发展空间结构；扩大辐射范围，将与关中城市群紧密联系的汉中、安康和甘肃的庆阳、平凉、天水都作为经济的辐射区。打造"一主两副、两带多中心"的均衡发展空间格局，"一主"指关中城市群核心区，也就是目前的西安、咸阳，包括西咸新区。"两副"指延安、宝鸡，作为革命圣地打造陕甘宁边区城镇化发展范例，另外西部的宝鸡，作为装备制造的基地。"两带"指丝绸之路经济带陕西段城镇发展主轴带、革命圣地-华夏故都城镇发展主轴带，"多中心"指渭南、铜川、商洛、杨凌、韩城等城市。总体定位为丝绸之路经济带的战略新起点，彰显华夏文明传承示范区，革命圣地推进新型城镇化示范区，军民融合型产业结构转型升级的示范基地。

第四章
我国国家级城市新区概览

第一节 我国国家级城市新区建设的发展阶段

改革开放 40 余年，我们不断对经济体制进行改革，并取得了一系列成果，例如经济特区始终发挥着优先发展、区域影响、全面引领的积极作用。在加快国家经济体制的转型、引领经济发展、注入市场经济新动力等方面到了模范带头和全力推动的积极作用。随着经济体制的改革，政府逐渐意识到单纯地进行经济体制改革，当改革进行到一定阶段后将难以为继，必须同步推进相关领域的配套改革，才能保证改革开放继续顺利前进。因此，国家级新区的改革创新早已脱离了简单的经济体制领域的改革范畴，覆盖了政治、社会、文化、环境等诸多方向。1992 年第一个国家级新区——上海浦东新区设立，此后根据经济发展的需要，在全国各地相继设立了 19 个特点不同、规模不同的国家级新区。随着新区经济模式的不断成熟，新区的发展已经成为新时代经济发展的主要驱动力，在经济体制和科技创新方面形成了具有规模化、体系化的综合平台，也是促进技术进步和增强自主创新能力的重要载体。

101

一、新区设立与初步探索阶段（1992~2009年）

1990年，中共中央、国务院通过总结和分析区域经济发展的实际情况，制定了开发浦东的重大部署，1992年颁布《关于上海市设立上海浦东新区的批复》，同意在上海市设立上海浦东新区。改革开放以来，我国区域经济发展中存在"南快北慢"问题，其中作为华北经济中心城市的天津市，经济发展速度相较南方也较为缓慢。2006年，为了提振天津市的经济发展，国务院印发《关于推进天津滨海新区开发开放有关问题的意见》，明确提出加快天津滨海新区深化改革的重大战略决策。2009年，国务院印发《国务院关于同意天津市调整部分行政区划的批复》，将原来独立的塘沽区、汉沽区、大港区三个行政区一并归入天津滨海新区进行统一规划和发展。

在探索国家级新区发展的经验道路上，我国先后设立了上海浦东新区与天津滨海新区。尝试利用国家级新区促进城市经济发展，并辐射周围城市带经济发展。尽管在新区初步探索阶段，我国仅开设上海浦东新区与天津滨海新区两个国家级新区，且此时国家级新区依然存在"经济特区"的影子。但是两个国家级新区在城市经济发展过程中都发挥着积极的促进作用，国家级新区作为区域经济发展的一大驱动力得以体现。从地域位置来看，两个新区都是位于东部沿海地区的直辖市，是我国实行对外开放的先行地区，更是引领我国经济发展的向导经济区。从发展战略作用来看，设立上海浦东新区和天津滨海新区，将我国的对外开放推进到新阶段，既是探索国家级新区发展的阶段，也是引领我国经济发展重点由南向北顺利拓展的阶段。从国家政策方面来看，为实现上海浦东新区和天津滨海新区的高效发展，国家在资源配置和优惠政策方面都提供了最大的支持。大大增强了所在区域的综合实力，充分发挥了国家级新区对整个长三角和京津冀地区经济发展的积极促进作用。

二、扩大政策实验阶段（2010~2013 年）

随着我国改革开放的不断深入，经济发展战略目标不断调整。东部沿海地区率先完成经济转型，西部经济大开发战略，振兴东北老工业基地战略，推动中部地区经济崛起和发展战略也相继实施。在这样的经济发展背景下，国家级新区迎来了新的发展机遇。2010 年，国家全力推进西部经济大开发战略，为西部经济发展增添新动力，深度挖掘经济增长新潜力，探索经济发展新领域，确定新型经济增长点。此时，增设新的国家级新区的呼声也越来越高。之后，国务院先后印发《国务院关于同意设立重庆两江新区的批复》《国务院关于同意设立兰州新区的批复》。国家重点提出要将建设重庆两江新区和甘肃兰州新区工作，确定为深入西部大开发战略的主要目标。通过重庆两江新区和甘肃兰州新区对区域经济的促进和辐射作用，实现西部经济大开发战略。

海洋经济作为我国经济发展过程中的全新领域，自 2010 年以来对经济发展的贡献逐渐增大。2010 年，我国海洋经济总产值达到 4 万亿元，占整个沿海地区国民生产总值的 16.1%。为了进一步推动海洋经济的发展，2011 年 2 月，国务院批复浙江海洋经济发展示范区规划。同年 6 月，国务院印发《关于同意设立浙江舟山群岛新区的批复》，明确提出将浙江舟山群岛新区建设成为浙江海洋经济发展的示范区，海洋综合开发的试验区。把舟山群岛新区打造成长江三角洲地区经济发展的主要增长点之一。

为进一步推动珠三角经济区的经济发展，加强粤港澳之间的经贸合作关系。2012 年 9 月，国务院印发了《关于广州南沙新区发展规划的批复》，设立广州南沙新区建设项目，作为粤港澳经济发展的示范区。

2010~2013 年是国家级新区扩大政策实验阶段，国家级新区的数量由原来的 2 个迅速增加到 6 个。国家级新区的分布也不仅局限于直辖市，由最初的直辖市向全国扩展，从东部具备发展条件的城市到西部内陆地区经济较发达的省会城市都有所涉及。设立的国家级新区无论在本区经济发展还是促进城市经济发展中都发挥了巨大作用。例如西部地区的重庆两江新区，自设立了国家级新区以来，该地区国民生产总值年均提速超出了全国10.9%；甘肃兰州新区2013年和2014年地区国民生产总值提速达到了30%，遥遥领先于其他地区经济增长速度。国家级新区项目的实施过程也伴随着发展模式的不断转变，但是国家级新区始终坚持改革开放，积累建设经验，逐步扩大综合试点改革，适应形势发展快速转变的发展趋势。国家级新区已经由开始的单一促进经济发展目标逐步走向多元化发展目标。其中最重要的目标之一是发展高新科技，推进科技成果转化，形成了高新技术产业的基地，为我国高新技术产业发展打下良好基础。

三、进一步增设发展阶段（2014~2016 年）

2014年以来，国际经济形势异常严峻，我国经济发展一方面要应对瞬息万变的外部国际环境，另一方面要坚持走改革发展的道路不放松。在这期间，国家对推动区域经济协调发展工作更为关注，提出健全区域发展政策，优化经济资源配置，合理发展空间布局，保持各地区经济协调、稳步发展。在已经开展的西部经济大开发战略、振兴东北老工业基地发展战略、中部经济崛起战略、东部率先发展战略的多重区域经济发展战略布局基础上，提出了"一带一路"经济发展倡议。利用京津冀地区经济实现协同发展，形成长江经济带，打造新型城镇化等一系列重大经济发展战略目标的推进，继续探索经济发展的新思路和新模式。

2014年1月，国务院相继印发《国务院关于同意设立陕西西咸新区的批复》和《国务院关于同意设立贵州贵安新区的批复》，陕西西咸新区、贵州贵安新区成为实现西部大开发战略的重要载体。2014年6月，国务院印发《关于同意设立青岛西海岸新区的批复》，对海洋经济发展进行整体战略部署。同月，国务院印发《国务院关于同意设立大连金普新区的批复》，指导辽宁沿海经济带经济快速发展，同时引领东北地区经济振兴和发展。2014 年 10 月，国务院印发《国务院关于同意设立四川天府新区的批复》，目的是全面掌控经济发展进程，内陆经济向稳定、开放型发展，实现西部地区顺利转型升级。2015 年 4 月，国务院印发《国务院关于同意设立湖南湘江新区的批复》，这是国家在中部地区设立的第一个新区，也是构建和推动中部地区经济崛起以及长江经济带建设形成的新的增长点。在此之后，国务院相继印发《国务院关于同意设立南京江北新区的批复》《国务院关于同意设立福州新区的批复》《国务院关于同意设立云南滇中新区的批复》《国务院关于同意设立哈尔滨新区的批复》《国务院关于同意设立长春新区的批复》《国务院关于同意设立江西赣江新区的批复》。另外，我国政府全力规范新区设立的相关程序，并且保证新区在发展过程中保持最佳实效，为此先后制定和出台了《城市新区设立审核办法》及实施细则、《关于促进国家级新区健康发展的指导意见》、《关于 2017 年国家级新区体制机制创新工作要点的通知》等相关法规与政策文件，新区管理者也在此基础上相继制定和健全各自发展的相关政策和措施，一系列规章制度的制定和完善，形成了国家新区建设的法制体系，也标志着新区法制进程又向前迈了一大步。

四、雄安新区的成立（2017 年至今）

2017 年 4 月 1 日雄安新区设立，这是继深圳经济特区、上海浦东新区设立之后，又一个里程碑式突破，被列为千年大计、国家大事的历史性工程。它所具备的深远意义是在国家经济发展过程中实现历史责任，新时期改革开放、创新发展的示范引领作用，始终坚持创新为推动经济发展的基础动力，把创新摆在国家级新区发展全局的核心位置，不断推进理论创新、制度创新、科技创新、文化创新等。

第二节　我国国家级城市新区概况

一、浦东新区

1990 年 4 月，中共中央和国务院正式宣布了开发浦东的决定。1992 年 5 月 3 日，"上海市人民政府浦东开发办公室"和"上海市浦东开发规划设计院"正式成立。1992 年 9 月撤销原上海县和原闵行区，成立新的闵行区，三林乡归属于闵行区。1992 年 10 月 11 日浦东新区管委会正式挂牌成立，以原川沙县全境，上海县的三林乡，黄浦、南市、杨浦的浦东部分成立了浦东新区。

浦东新区位于上海市东部，西靠黄浦江，东邻长江入海口，面积 1210 平方千米，常住人口 568.15 万，现辖 12 个街道（潍坊新村街道、陆家嘴街道、周家渡街道、塘桥街道、上钢新村街道、南码头路街道、沪东新村街道、金杨新村街道、洋泾街道、浦兴路街道、东明路街道、花木街道）与 24 个镇（川沙新镇、高桥镇、北蔡镇、合庆镇、唐镇、曹路镇、金桥镇、高行镇、高东镇、张江镇、三林镇、惠南镇、周浦镇、新场镇、大团镇、康桥镇、航头镇、祝桥镇、泥城镇、宣桥镇、书院镇、万祥镇、老港镇、南汇新城镇）。

30 余年来，浦东新区肩负着国家战略使命，依托一批功能各异、特色鲜明的国家级开发区，依托一批功能性、重量级的大项目，不断优化完善生产力布局，积极促进城市功能的转型和提升，有力地推动了上海"四个中心"建设。其中陆家嘴、金桥、张江、保税区等成熟区域与国际旅游度假区、临港地区、世博前滩地区、航空城等新兴区域分别承担不同功能。前者强化主导功能、完善配套功能，增加公共空间、提升文化内涵，后者则更注重加快功能培育，加强对周边区域的辐射带动作用。

陆家嘴金融贸易区。作为全国唯一一个以"金融贸易"命名的国家级开发区，有持牌类金融机构734家，国家级和市级要素市场10多家，努力打造成为上海国际金融中心的主要承载区、上海国际航运中心的高端服务区、上海国际贸易中心的总部集聚区。

金桥经济技术开发区。聚集了汽车、新能源、新一代信息技术等领域的一批重量级企业，先进制造业和生产性服务业相互融合促进，目标是建设全国智造业升级示范引领区、生产性服务业新兴业态培育区以及生态文明持续创新示范区。

张江高科技园区。已形成以集成电路、生物医药、软件与文化创意等为主导的产业集群，云集上万家创新创业企业，是上海加快建设具有全球影响力的科创中心的核心基地，将打造成为国际领先的科技城。

保税区（含外高桥、空港、洋山）。"三港三区"联动发展，国际贸易、国际航运、保税物流、外贸口岸等功能优势不断显现，重点打造国际贸易、金融服务、航运服务、专业服务和高端制造等重点产业发展的集聚区和对外投资的集聚区。

国际旅游度假区。推进迪士尼乐园高品质运营，促进与川沙等周边区域联动发展，打造环境优越、功能齐全的国际旅游度假区和功能清晰、区域协调的现代化旅游城。

临港地区。以建设高品质的未来滨海城市为目标，聚焦国际智能制造中心建设，全面推动产城融合发展，加快城市功能完善和优质服务资源配置。

世博前滩地区。推进一批功能性项目、公共配套和生态景观工程建设，集聚一批央企、民企和跨国企业总部，打造具有世界级水准的中央公共活动区。

航空城。充分发挥国际国内客运、货运和飞机制造集中的优势，促进全球航空资源的集聚，形成覆盖航空服务和航空研发制造的全产业链，带动祝桥、川沙、惠南等周边区域联动发展。

随着时间推移和经济社会发展，浦东新区的历史任务不断转变。最初浦东新区的设立是重塑上海作为多功能经济中心和现代化国际城市的特殊地位，并加强作为吸纳和吞吐人流、物流、资金流、信息流的集散功能、对内对外的开放功能、推动产业结构和布局调整以及疏解浦西的重组功能与作为深化体制改革、推动组织制度创新和高技术产业化的创新功能；同时发挥带动长江三角洲和长江沿岸地区经济发展的龙头作用。2020 年为庆祝浦东新区成立 30 周年，党中央与国务院提出《关于支持浦东新区高水平改革开放打造社会主义现代化建设引领区的意见》，将浦东新区打造成更高水平改革开放的开路先锋、自主创新发展的时代标杆、全球资源配置的功能高地、扩大国内需求的典范引领、现代城市治理的示范样板。

新时代浦东新区发展目标是，2035 年浦东全面构建现代化经济体系，全面建成现代化城区，全面实现现代化治理，城市发展能级和国际竞争力跃居世界前列；2050 年，建设成为在全球具有强大吸引力、创造力、竞争力、影响力的城市重要承载区，城市治理能力和治理成效的全球典范，社会主义现代化强国的璀璨明珠。

浦东新区七方面举措包括：

一是全力做强创新引擎。面向世界科技前沿、面向经济主战场、面向国家重大需求、面向人民生命健康，加快关键技术研发，打造世界级创新产业集群，深化科技创新体制改革，打造自主创新新高地。

二是加强改革系统集成。聚焦基础性和具有重大牵引作用的改革举措，创新政府服务管理方式，强化竞争政策基础地位，健全要素市场一体化运行机制，激活高质量发展新动力。

三是推进高水平制度型开放。推进上海自由贸易试验区及临港新片区先行先试，加快共建辐射全球的航运枢纽，建立全球高端人才引进"直通车"制度，在浦东全域打造特殊经济功能区，增创国际合作和竞争新优势。

四是增强全球资源配置能力。以服务共建"一带一路"为切入点和突破口，进一步加大金融开放力度，建设海内外重要投融资平台，完善金融基础设施和制度，积极配置全球资金、信息、技术、人才等要素资源，服务构建新发展格局。

五是提高城市治理现代化水平。创新完善城市治理体系，打造时代特色城市风貌，构建和谐优美生态环境，提升居民生活品质，开创人民城市建设新局面。

六是依托强大的国内市场优势促进内需提质扩容。培育打响上海服务、上海制造、上海购物、上海文化、上海旅游品牌，以高质量供给适应、引领、创造新需求。

七是统筹发展和安全。以金融、公共卫生、安全生产等为重点，建立完善与更大力度改革开放相匹配的风险防控体系，守住不发生系统性风险底线。

二、滨海新区

1994 年 3 月，天津市决定在天津经济技术开发区、天津港保税区的基础上建立滨海新区。2006 年 4 月 26 日，国务院常务会议研究推进滨海新区开发开放。2008 年 3 月 13 日，国务院印发《关于天津滨海新区综合配套改革试验总体方案的批复》。2009 年 11 月 9 日，继深圳经济特区、上海浦东新区之后，又一带动区域发展的新的经济增长极天津滨海新区管理体制改革启动。国务院批复同意天津市调整部分行政区划，撤销天津市塘沽区、汉沽区、大港区，设立天津市滨海新区，以原三个区的行政区域为滨海新区的行政区域。

滨海新区位于天津东部沿海，渤海湾顶端，濒临渤海，北与河北省丰南县为邻，南与河北省黄骅市为界。行政区划面积 2270 平方千米，海岸线 153 千米。辖天津经济技术开发区、天津港保税区、天津滨海高新技术产业开发区、天津东疆保税港区、中新天津生态城 5 个国家级开发区，21 个街镇（塘沽街道、新北街道、杭州道街道、新河街道、大沽街道、北塘街道、胡家园街道、新城镇、汉沽街道、寨上街道、茶淀街道、杨家泊镇、大港街道、海滨街道、古林街道、太平镇、小王庄镇、中塘镇、泰达街道、新港街道、新村街道）。

天津滨海新区目前形成了新一代信息技术产业集群、高端装备制造产业集群、生物医药产业集群、新能源汽车产业集群、新材料产业集群、新能源产业集群、节能环保产业集群、战略性新兴产业服务业集群共八大集群：

（1）以国产操作系统与数据库、集成电路、高性能服务器等为代表的新一代信息技术产业集群。滨海新区作为天津市电子信息产业发展龙头和主要聚集区，拥有天津开发区电子信息产业、天津滨海高新区软件和信息服务业两个国家新型工业化产业示范基地，以及国家集成电路设计产业化基地、国家火炬计划软件产业基地等一批国家级产业发展载体，集成电路、操作系统、数据库等基础软硬件领域自主可控优势明显，拥有 6 家产值超百亿元企业，以及展讯通信、天地伟业、中科曙光等 20 多家产值超 10 亿元企业。在集成电路领域，以中环半导体、飞腾 CPU、唯捷创芯等龙头企业为引领，形成从半导体材料、IC 设计到芯片制造的集成电路全产业链。

（2）以航空航天、智能制造装备、海洋工程装备等为代表的高端装备制造产业集群。滨海新区是我国重要的高端装备制造产业基地和聚集区，拥有国家级航空产业新型工业化产业示范基地、新一代运载火箭产业化基地、航天飞行器产业化基地三大基地，以空客 A320 亚洲总装线、空客 A330 完成和交付中心、中航直升机、彩虹无人机等龙头企业和"长征五号""长征七号"新一代运载火箭、直播通信卫星和载人空间站为代表的"一箭一星一站"重大项目。在航空航天装备领域，拥有大型民机总装、直升机制造、新一代运载火箭总装和测试、无人机制造、卫星遥感及应用等国内独一无二的航空航天产业链。

（3）以新型疫苗、现代中药、细胞治疗、智能医疗等为代表的生物医药产业集群。滨海新区生物医药产业已形成全国最大的集产品研发、技术转化、生产制造、商业物流和展示交流于一体的生物医药产业链基地，先后被国家发改委、科技部认定为国家生物产业基地、国家医药产品出口基地和中药现代化科技产业基地，正在成为我国生物医药领域新药创制成果最突出、产业集群优势最显著的地区。滨海新区拥有各类生物医药企业总计1500多家，包括天药药业、金耀集团、中新药业、瑞普生物、凯莱英等本土大型药企，也包括葛兰素史克、诺和诺德、诺维信、施维雅、武田药业等跨国制药巨头，已经形成了具有较强竞争实力的优势企业群。

（4）以电机电控、汽车零部件、整车制造等为代表的新能源汽车产业集群。滨海新区是我国重要的新能源汽车产业基地，已形成从动力电池、电机电控、汽车零部件到整车制造以及汽车金融、汽车后服务等配套领域的全产业链布局，在纯电驱动系统、动力电池、电磁兼容试验等方面达到国际领先水平。拥有国能、恒天、萨博等为代表的整车制造企业，中电科十八所、国家锂离子动力电池工程技术研究中心等国家级试验检测机构，波士顿轮毂、优耐特、西门子、松正等为代表的电机电控企业，电机电控技术达到国际一流水平，产业规模不断壮大。一汽丰田、长城等重点车企正向新能源汽车领域进军。

（5）以新型功能材料、先进结构材料、高性能复合材料为代表的新材料产业集群。滨海新区新材料产业初步形成了八大新材料产业体系：以晶体硅材料、磁性材料、光纤维材料为代表的电子信息新材料；以锂电池正极材料、薄膜太阳能电池材料、光伏玻璃、LED衬底和外延片为代表的绿色电池新材料；以无缝钢管、焊接材料、石油套管、高端特种用钢和合金为代表的新型金属材料产业集群；以氟材料、硅材料、合成树脂、涂料和膜材料为代表的化工新材料；以高性能碳纤维及制品为代表的航空航天新材料；以介入治疗材料、药物缓释为代表的生物医用新材料；以新型墙体材料、保温隔热材料、防水密封材料为代表的建筑新材料；以纳米材料、超导材料为代表的先导材料及技术。

（6）以动力电池、太阳能发电、风力发电等为代表的新能源产业集群。滨新区新能源产业形成了绿色电池、太阳能和风力发电三大产业集群，在绿色电池领域，建立起由研发设计、电池材料到电池生产及应用的完整产业链，聚集了力神、三星视界、巴莫科技等国内外知名绿色二次电池生产企业，锂离子电池生产能力和产值规模占全国 1/3 以上，成为国内综合实力最强的绿色二次电池产业基地。

（7）以节能产业、环保产业、资源综合利用产业等为代表的节能环保产业集群。滨海新区作为我国重要的节能环保产业基地，拥有首个国家绿色发展示范区，北疆电厂等国家级循环经济示范试点，以及泰达和临港两大国家级循环经济示范园区。在节能领域，大力推动锅炉改燃、热泵系统利用、LED 灯替代传统光源、电机系统改造等重点节能项目，初步形成了以节能汽车和节能家用电器为主导；在节能建筑材料、节能型通用装备、节能型照明器具制造等方面具有较大竞争优势的产业格局；在环保领域，聚集霍尼韦尔环境自控、诺卫环境安全、威立雅水务等一批具有较强竞争力的国际知名企业，以及膜天膜、泰达环保、生态城环保、航天环境等一批自主创新能力强的高新技术企业，在环境污染防治专用药剂和环保装备及产品领域具有较大国内市场份额，新型膜材料、烟气除尘、脱硫脱硝等技术和产品处于国内领先水平；在资源循环利用领域，围绕汽车及装备制造、电子信息、生物医药、新材料等主导产业，引进电子线路板及废物回收、边角废料铸钢、生物发酵残渣加工、有机食品废物再利用等补链项目，初步形成了链条紧密、资源有效的资源循环利用模式。

（8）以数字创意、科技服务、融资租赁等为代表的战略性新兴产业服务业集群。滨海新区加快发展现代服务业和新业态，五大开发区集聚发展各具优势的服务产业。形成于家堡金融核心区、东疆国家租赁创新示范区、互联网＋高科技产业等新兴产业集群、跨境电子商务综合试验区、保税区口岸经济、滨海高新区创新主体集聚区等一批新兴服务业发展重点集聚片区。在数字创意领域，作为我国北方重要的数字创意产业基地，滨海新区数字创意产业初步形成了以互联网信息服务、数字内容服务、动漫游戏、设计服务等为主的发展格局。拥有国家级文化和科技融合示范基地、国家动漫产业综合示范园、中国天津3D影视创意园区、国家影视网络动漫实验园、国家数字出版基地8个国家级园区，今日头条、华谊兄弟、博纳影业、光线传媒、乐视网、PPTV、优扬动漫等重点企业。在信息服务领域，滨海新区建设全国资讯服务总部基地、中小企业服务云、医疗健康云等服务平台；依托国家级软件和信息服务业基地，打造虚拟现实、动漫游戏、地理信息系统等特色服务平台；依托百亿亿次超级计算机、大数据处理等一批共性关键技术和产品，打造形成国内知名的自主安全信息产业链。在科技服务领域，依托中国铁路设计集团、中海油天津化工研究设计院等壮大专业化技术服务规模，做优石油化工、船舶、轨道交通、汽车等工程设计行业；依托58到家、谱尼测试、金域医学等做大检验检测、安全生产专业技术和专业化服务外包；依托忆云共享、汉柏科技、亿玛科技、普泰国信等做好综合科技服务，支持提供"互联网＋智能制造"解决方案服务。

　　战略意义：环渤海地区是我国经济最活跃的地区之一，直接面对东北亚竞争，是我国城市、港口和产业最为密集的区域之一，是我国对外贸易的重要基地，华北、华东和东北三大区的结合部。天津市位于环渤海的地理中点，在我国国家战略中具有重要的意义；既是京津冀地区的"双核心"之一，也是京津冀面向世界的窗口。天津应与北京一起，构建"世界城市地区"，参与世界城市体系的竞争。因而，在天津成立滨海新区能够比渤海湾其他城市更好地依托北京的科技、信息、人才、金融等服务优势，成为以北京为中心的城市地区的主要出海口以及制造业、物流业和对外贸易的集聚区。

发展目标：

（1）全力落实京津冀协同发展战略：高效承接非首都功能疏解。对标疏解清单，优化承接清单，聚焦在京央企、金融机构、科研院所、大专院校、医疗机构五类资源，找准突破方向，强化精准对接，提供全方位保姆式服务，推动疏解项目快速落地，全年承接疏解项目500个以上。

打造高水平承接载体。深入落实京津两市合作协议，加快滨海-中关村科技园创新创业生态系统建设，发挥政策叠加优势，营造类中关村发展环境，打造推动高质量发展新引擎。加快未来科技城京津合作示范区建设，重点抓好产业承接，探索社会治理新模式。

深化重点领域协同合作。加强津冀港口群合作，支持天津港设立服务雄安专用窗口，开辟雄安至天津港的专用货运通道。推动产业梯次转移，加快建设滨唐、滨沧协同发展合作示范产业园。推动设立京津冀协同发展基金。

（2）努力构筑现代产业集聚新优势：打造京津冀世界级先进制造产业基地。调整优化功能区制造业布局，精准引进培育龙头项目，提升主导产业完整度，增强核心竞争力，为世界级城市群建设提供先进制造产业支撑。

发展高端高质现代服务业。促进总部经济加快聚集，加大高端商务楼宇招商力度，重点引进国内外500强企业地区总部、央企二三级总部和结算中心。壮大信息技术服务规模，增强服务外包园、互联网产业园聚集功能，支持发展云计算产品、服务和解决方案，积极发展短视频、视频直播等文化娱乐业。进一步扩大金融租赁、产业基金、股权基金等创新型金融规模，推动空港保险产业园做大做强。加快发展旅游业，实现国家海洋博物馆向游客开放，精心设计推广精品旅游线路，拓展线上线下旅游服务新模式。依托文化中心、于家堡环球购等载体，打造一批夜间经济示范街区。

增强核心技术创新能力。加强研发机构产业化能力考核评估，推进国家合成生物技术创新中心建设，支持企业建立产业创新中心。加大技术攻关力度，支持互连芯片、高安全以太网交换芯片、电池材料、蛋白质组学等关键技术研发，力争取得一批突破性成果。优化"创新券"服务模式，探索建设融政府服务、金融服务、孵化转化为一体的创业广场和低成本创业街区，为创业者提供全方位服务。促进科技企业加快成长，积极培育"雏鹰"企业、"瞪羚"企业、"独角兽"企业，新认定国家科技型中小企业1500家、国家高新技术企业300家。

（3）奋力开拓开发开放新局面：掀起招商引资和项目落地新高潮。充分发挥功能区招商引资和项目建设主力军、野战军作用，构建大招商格局，综合运用敲门招商、以商招商、基金招商、产业链招商，紧盯国内外500强，瞄准行业领军企业、"隐形冠军"企业、"独角兽"企业，突出靶向性精准性招商。

加快打造自贸试验区升级版。力争全面完成深改方案128项制度创新任务，抓好转型升级重点任务落实。建成高水平国际贸易单一窗口，构建更加开放的市场准入模式。制定东疆融资租赁创新十条，推动融资租赁2.0政策落地，加快建设国家租赁创新示范区，巩固提升租赁产业聚集效应。推动跨境电商产业要素聚集，促进跨境电商进出口平衡发展。推进保税维修和再制造向新领域拓展。支持自贸试验区管委会探索建立运行管理新模式。

夯实北方国际航运核心区支撑载体。支持天津港智慧港口建设，进一步压缩通关时间、降低合规成本，努力打造京津冀海上门户。深度融入"一带一路"建设，优化海铁联运体系，加强港区铁路专线建设，提升海铁换装中心功能，提升国际班列运行效益。大力发展保税中转集拼业务，促进航运融资、航运保险等高端航运要素聚集。提升邮轮母港综合服务能力，加快进境免税店建设，探索邮轮增值服务新途径。加快建设航空口岸大通关基地，提升联检查验中心通关便利化水平。

三、重庆两江新区

2010 年 5 月 5 日，国务院正式印发《关于同意设立重庆两江新区的批复》（国函〔2010〕36 号），批准设立重庆两江新区，并明确了两江新区的政策比照浦东新区和滨海新区。国务院在《关于同意设立重庆两江新区的批复》中指出，"设立重庆两江新区，有利于探索内陆地区开发开放的新模式，提升重庆经济实力和综合竞争力，对于推动西部大开发、促进区域协调发展具有重要意义。6 月 18 日，两江新区正式挂牌成立。

两江新区位于重庆市主城区长江以北、嘉陵江以东，全域规划总面积 1200 平方千米，其中可开发建设面积 550 平方千米，水域、不可开发利用的山地及原生态区共 650 平方千米，包括重江北区、渝北区、北碚区三个行政区部分区域，及原北部新区、两路寸滩保税港区、两江工业园区等功能经济区。新区辖 35 个乡镇街道，其中江北区涉及街镇为：石马河、大石坝、观音桥、华新街、五里店、江北城、寸滩、铁山坪、郭家沱、复盛、鱼嘴镇；渝北区涉及街镇为：龙溪、龙山、龙塔、双凤桥、双龙湖、回兴、悦来、人和、鸳鸯、天宫殿、翠云、大竹林、木耳、礼嘉、龙兴、石船、古路、玉峰山镇；北碚区涉及街镇为：水土、复兴、蔡家岗、施家梁镇。

按照功能划分，主要包括北碚-悦来-水土新兴产业组团、渝北-空港组团、金山-水港组团、照母山服务贸易和科技创新组团、江北-江北嘴金融组团、龙盛高端产业组团、果园港物流组团 7 个功能组团。

北碚-悦来-水土新兴产业组团距重庆市江北国际机场约 10 千米、都市中心 22 千米、寸滩港 20 千米，路接国道 212 线和渝武高速，是两江新区打造万亿级先进制造业基地的重要组成部分，园区规划区域面积约 118 平方千米，可开发利用面积 79 平方千米，空间发展容量巨大。水土高新园将依托水土云计算产业园、仙桃数据谷、悦来国博中心、健康产业园，重点发展云计算大数据、大健康、国际会展、智慧城市、智能制造、人工智能等战略性新兴产业。

渝北-空港组团将重点发展加工贸易、保税维修、综合物流、融资租赁、快件集散、专业市场等现代服务业及先进制造业，着力推动加工贸易向"研发+产业+物流"链延伸，打造保税+"贸易、物流、金融"等新型贸易业态。打造亚洲乃至全球最大笔电基地的战略部署，在空港功能区为宏碁、华硕等知名电脑品牌商及其 ODM 企业量身打造了电子信息产业生产基地。

金山-水港组团依托保税和贸易多元化试点功能，重点发展保税展示交易、总部及转口贸易、综合物流、专业市场、跨境电商等现代服务业。目前水港进口肉类指定口岸和进口水果指定口岸正式运行，并成功获批《金伯利进程国际证书制度》实施指定口岸。

照母山服务贸易和科技创新组团依托照母山科技城、服务贸易产业园、互联网产业园等成熟楼宇载体，重点布局总部经济、总部贸易、跨境电商、商品类交易中心、金融服务、科技创新、软件及信息服务、文化贸易、专业服务、高端商贸商务等产业和业态，建设楼宇型总部经济集聚区和区域性金融、科技、商务中心。

江北-江北嘴金融组团依托中新（重庆）战略性互联互通示范项目运营中心，建设全国性保险资产交易所、西部能源（油气）交易中心等金融要素市场，布局加工贸易结算、跨境人民币结算等金融结算中心，加快引进大型企业及金融产业的总部机构，大力发展互联网金融、消费金融等新型金融，丰富金融业态。

龙盛高端产业组团将依托制造、物流、总部等重大平台和产业新城，重点发展新能源及智能汽车、装备制造、通用航空等战略性新兴制造业和科技研发、工业设计、检验检测等生产性服务业总部基地。

果园港物流组团果园港物流组团依托"铁、公、水"多式联运综合物流枢纽功能，重点发展口岸物流、多式联运物流、临港先进制造业、国际贸易、供应链金融；建设港口物流仓储和加工中心、铁路货运到发中心、港铁贸易中心、交易市场服务中心。

战略意义：根据国务院批复，中央赋予重庆两江新区五大功能定位，一是统筹城乡综合配套改革试验的先行区；二是内陆重要的先进制造业和现代服务业基地；三是长江上游地区的金融中心和创新中心；四是内陆地区对外开放的重要门户；五是科学发展的示范窗口。

发展目标：两江新区将进行"两区五中心"建设。两区即打造新兴金融、国际物流、大数据及信息服务、软件设计及服务外包、跨境电子商务及结算、保税商品展示及保税贸易、总部贸易及转口贸易、专业服务、健康医疗、文创旅游十大战略性新兴服务业聚集区；打造新能源及智能汽车、电子核心部件、机器人及智能装备、云计算及物联网、可穿戴设备及智能终端、通用航空、生物医药及医疗器械、能源装备、节能环保、新材料十大战略性新兴制造业集聚区。大力发展研发设计、检验检测、物流配送、采购结算等上下游配套的生产性服务业。

五中心即内陆功能性金融中心、内陆科技创新示范中心、内陆国际物流中心、内陆国际贸易中心、内陆生产性服务业中心。

内陆功能性金融中心，大力培育特色金融要素市场，丰富金融业态，支持传统金融机构及相关金融服务机构向"多牌照""全牌照"发展，探索离岸金融、跨境人民币、跨国公司本外币结算等国际金融结算新业务，加快建立结构完整、功能完善的多层次资本市场体系。

内陆科技创新示范中心，实施创新驱动发展战略，加快建设双创示范基地、自主创新示范区，构建开放式双创体系，为培育发展新功能提供支撑，打造创新要素集聚、综合服务功能强、适宜创新创业的科技创新重要承载区和示范区。

内陆国际物流中心，依托果园港、江北国际机场、渝利、渝怀货运站场，建设多式联运综合枢纽，大力发展国际物流、区域中转和联运分拨业务，建设内陆地区重要的国际物流中心。

内陆国际贸易中心，大力发展加工贸易、保税贸易、总部和转口贸易、跨境电商、平行汽车进口等新兴贸易业态，大胆探索国际贸易、口岸、物流、结汇、退税等便利化，打造内陆国际贸易采购、调拨、销售、结算中心。

内陆生产性服务业中心。围绕产业融合和产业链延伸，以生产性服务业功能区为载体，重点发展云计算、研发设计、第三方物流、检验检测认证等，加快建立与国际接轨的生产性服务业体系。

四、浙江舟山群岛新区

2011 年 3 月，党的十一届全国人大四次会议审议通过的《国民经济和社会发展第十二个五年规划纲要》中，明确提出了重点推进浙江舟山群岛新区发展，是我国首个以海洋经济为主题的国家战略层面新区。舟山是全国唯一以群岛设市的地级行政区划，下辖 2 区（定海区、普陀区）2 县（岱山县、嵊泗县）。常住人口 114.2 万，有大小岛屿 1390 个，其中住人岛屿 140 个。陆域面积 1440 平方千米，海域面积 20800 平方千米，占浙江省 49.1%、全国 5.6%，加上专属经济区部分，海域面积达 11 万平方千米，占浙江全省的 42.3%、全国 3.7%。

舟山新区处在我国东部海岸线和长江出海口的组合部，扼我国南北海运和长江水运的"T"型交汇要冲，是江海联运和长江流域走向世界的主要海上门户。舟山群岛和本岛的空间布局重点是"一个主体，突出中心，拓展两翼"。为科学合理地利用舟山群岛独特战略价值，进一步加大群岛的综合开发力度，将建设一批综合开发、港口物流、临港工业、海洋旅游、现代渔业、新能源、海洋科研、生态保护等功能岛，最主要的包括以下十大岛屿。

（1）金塘岛：重点发展以国际集装箱的中转、储运和增值服务为主的现代港口物流业，兼顾发展海洋装备制造等临港产业。

（2）六横岛：重点发展船舶和海洋装备制造、港口物流、大宗物资加工、海洋能源、临港石化等临港产业，积极培育海水淡化及海水综合利用等新兴产业。

（3）衢山岛：重点发展以油品、铁矿石、煤炭、木材等大宗商品的储运、中转、加工、贸易为主的现代港口物流业，以及海洋船舶、临港装备制造、海洋风能等产业。

（4）舟山本岛西北部：重点发展船舶修造、海洋工程、船舶配件等临港装备制造产业和油品的仓储、加工、中转、贸易于一体的综合港口物流业，打造成为重要的临港工业基地和港口物流基地。

（5）岱山岛西南部：依托现有船舶修造企业和船舶配件生产企业，重点发展船舶修造、船舶配件等船舶工业和临港装备制造业，进一步壮大产业集群。

（6）泗礁岛：重点发展以大宗散货储运、中转、加工和配送等为主的现代港口物流业。同时发挥国家列岛型风景名胜区天然旅游资源优势，丰富嵊泗旅游产品体系，成为长三角地区重要的海洋休闲度假旅游基地。

（7）朱家尖岛：依托普陀山国家级风景名胜区的品牌优势，大力发展以海洋观光、海岛度假、佛教文化体验等为主的海洋旅游业。

（8）洋山岛：突出与洋山保税港区功能相配套的临港物流与增值服务功能，大力发展为国际集装箱物流配套的仓储、中转、分拨、配送、加工、贸易等。

（9）长涂岛：积极发展船舶修造、海洋工程、现代渔业和为渔业配套的相关服务业，适时发展临港石化产业及能源仓储业。

（10）虾峙岛：重点加快建设大宗物资加工、大型修造船项目，大力引进和布局建设港口机械装备等临港制造业，建设成为舟山群岛南部重要的临港产业基地和港口物流基地。

战略意义：依据国务院批复精神，浙江舟山群岛新区三大战略定位是：浙江海洋经济发展的先导区、长江三角洲地区经济发展的重要增长极和我国海洋综合开发试验区。

发展目标：新区五大发展目标是：建成我国大宗商品储运中转加工

交易中心、东部地区重要的海上开放门户、海洋海岛综合保护开发示范区、重要的现代海洋产业基地、陆海统筹发展先行区。我们在编制新区规划时，又进一步形象、简练地将五大发展目标表述为"四岛一城"，即"国际物流岛、自由贸易岛、海洋产业岛、国际休闲岛和海上花园城"。

五、甘肃兰州新区

兰州新区是 2012 年 8 月国务院批复设立的全国第 5 个、西北第 1 个国家级新区，被赋予"西北地区重要的经济增长极、国家重要的产业基地、向西开放的重要战略平台和承接产业转移示范区"的战略定位，总面积 1744 平方千米，常住人口 50 万。兰州新区位于秦王川盆地，是兰州、白银两市的接合部，地处兰州、西宁、银川 3 个省会城市共生带的中间位置，是甘肃对外开放的重要窗口和门户。同时，经河西走廊直通新疆，是丝绸之路经济带和欧亚"大陆桥"的重要连接点。

兰州新区下辖中川园区、秦川园区、西岔园区 3 个正县级行政管理区。三区管辖永登、皋兰两县，中川镇、秦川镇、上川镇、树屏镇、西岔镇和水阜乡 6 个乡镇，73 个行政村。对原永登县中川镇、秦川镇、皋兰县西岔镇进行托管。

主导产业：从整体产业布局来看，兰州新区有十大主导产业，包括战略性新兴产业、高新技术产业、石油化工、装备制造、新材料、生物医药、现代农林业、现代物流仓储和劳动密集型产业等。

（1）绿色化工产业。加快绿色化工园区东区危化品运输场站、培训基地和西区基础设施建设，推进园区标准化、智能化建设，实行封闭管理，守牢安全环保底线，争创国家 D 级化工园区。瞄准国内外高端市场，与国内外化工产业龙头、企业龙头加强合作，共建产业园，吸引上下游配套产业向新区集聚。支持莱安、智资等项目达产，围绕兰石化产业链延伸、"专精特新"化工科技产业园 C 区建设，新引进项目 100 个以上、建成投产 100 个以上、新增产值 100 亿元以上，实现规模、质量、效益快速提升。打造产业转移条件最好、产品种类最全、科技含量最高、军民融合程度最深的绿色化工产业高质量发展"中国典范"。

（2）金属新材料产业。支持商投高档铝箔、德福新材料二期、康鹏液晶显示材料等项目建成投产，实现产值70亿元。立足省内有色金属、稀土、气候、期货交割库、科研院所等资源优势和新区新材料产业发展基础，围绕稀土、碳纤维、金属新材料、粉末冶金等开展重点招商，吸引金属新材料上下游企业向新区集聚。

（3）先进装备制造产业。紧盯绿色化工、信息、清洁能源、生物医药和现代农业等产业高质量发展所需的先进装备进行招商补链，提升配套能力，实现产业互促发展。争取中科曙光高端服务器整机制造生产线落地，加快重离子应用技术及装备制造、兰通厂搬迁改造、大科学装置检验检测中心、广西柳工"西北智能再制造、组装基地"等建设，支持企业"三化"改造，建设一批数字化车间和智能化工厂，加快高端化、智能化、绿色化发展步伐。

（4）信息产业。抢抓"东数西算"发展机遇，发挥新区电价优惠、气候干凉耗电少、宽带资费低等优势，积极争取各大运营商、知名互联网企业优先在新区布局信息产业项目。大力发展数字经济、在线新经济，加快润泽国际信息港、移动大数据产业园二期、电信大数据中心、国网云数据中心二期等项目建设，争取国家超算中心和金融、统计、能源大数据服务中心等布局新区，打造西北机架规模最大的数据中心，争取获批全国一体化大数据中心国家节点和重点区域集群。围绕大数据中心建设配套装备产业、数据应用项目，做好人才及保障服务。

（5）生物医药产业。依托化工园区医药中间体、原料药等资源优势，创新推动向高附加值的成药延链。围绕现有中药批号加大生产，盘活存量资产，释放现有生产能力，争取更多产品进入国家医药带量采购目录。围绕中药、西药、农药、疫苗、化妆品、保健品、防疫物资等加大"西部药谷产业园"全产业链招商力度，加快东瑞制药、农垦药碱厂、同位素医药中心、重庆医药物流中心等项目建设。积极拓展"中药+"大健康新业态，建设研发、种植、加工、存储、销售为一体的中药材基地。

（6）商贸物流产业。依托航空、铁路、公路运输构建高效专业的商贸物流网络，推动供应链产业链多元发展。新增酒店宾馆5家，开展"千企万店惠陇原""乐游新区·欢畅惠购"等促销活动，打造高品质商圈经济、夜市经济。鼓励发展平台经济、电商经济，推动网络货运发展，完善城乡冷链设施和城际配送网络，打造区域快递分拨中心、区域冷链仓储物流中心。推动铝期货指定交割库高效运营，争取设立西部有色金属现货交易中心，中川北站完成货运吞吐量300万吨以上，商贸物流产业营收总额突破2500亿元。

（7）文化旅游产业。深度挖掘秦王川历史文化资源，健全旅游配套服务，开发游客网上集散中心，整合西部恐龙园、晴望川民俗文化村、长城影视城等旅游资源，与现代农业、自然风貌、绿色制造、临港花海等结合，开发具有新区特色的观光购物、温泉疗养、户外运动等全域旅游产品，打造集观光、食宿、采购、娱乐、疗养、科教、研学等为一体的新区"一日游""两日游"旅游品牌，旅游综合收入增长30%以上。持续办好太平鼓王争霸赛、半程马拉松赛等活动，开发"四季游新区·精彩乐不停"旅游项目，做强"靓丽新区"文化旅游名片，打造现代都市休闲旅游新典范。

（8）积极发展相关产业。围绕建材家居全产业链，引进灯饰、五金、板材、家具生产等企业。谋划在新区北部合理布局风电、光伏、光热、热电等清洁能源产业。依托中国西北公共卫生突发事件战略物资储备基地、国家区域（西北）救援中心项目建设，引进一批应急物资生产、储备、物流等产业项目。谋划在石洞、水阜片区发展商务、金融、设计、康养、中介服务等现代服务业，打造中心城区拓展地。

战略意义：兰州新区将建成国家向西开放的战略平台，国家经济转型和承接东中部装备制造业转移的先导。发展战略性新兴产业、高新技术产业和循环经济的重要集聚区，沟通西部地区的重要交通枢纽和物流中心，"两型"社会和城乡统筹发展的重点示范区，生态建设和未利用的土地综合开发实验区。以及传统优势产业和现代化服务业的扩展区，沟通全省的重要交通枢纽和物流中心，甘肃跨越式发展的重要经济增长极。

发展目标：兰州新区要成为国家战略实施的重要平台，西部区域复兴的重要增长极，兰州城市拓展的重要空间。是引领兰白经济区形成区域核心，带动兰西地区全面发展，满足国家战略在西部的战略意图。使兰西地区与关中——天水地区、成渝地区等共同成为国家实施西部发展战略的重要平台。

六、广州南沙新区

南沙区于 2005 年成为广州行政区，2012 年成为国家新区，并在 2014 年获批成为自贸试验区。2017 年 5 月，广东省省第十二次党代会要求南沙"建设成承载门户枢纽功能的广州城市副中心"。

广州南沙新区是粤港澳大湾区环内湾都市圈的重要核心，是国家定位立足广州，进一步打造粤港澳全面合作示范区。因此行政管制既不可脱离广州，又因港澳社会制度不同，需要省级以上的权力来管理和协调，所以南沙新区是唯一由国家发改委牵头的国家级新区。

广州南沙新区，地处粤港澳大湾区几何中心、珠江出海口，是连接珠江口两岸城市群和港澳地区的重要枢纽性节点，距香港 38 海里、澳门 41 海里，是大湾区"半小时交通圈"原点。下辖 3 个街道（南沙街道、珠江街道、龙穴街道）与 6 个镇（万顷沙镇、黄阁镇、横沥镇、东涌镇、大岗镇、榄核镇）。

主导产业：南沙积极构建创新型产业体系，推动先进制造业与现代服务业融合发展，突出总部经济、数字经济、绿色经济发展导向，面向全球集聚资源要素，大力发展航运物流、高端制造、金融商务、科技创新、生命健康五大主导产业，集聚发展 IAB、NEM 等新产业新业态。

（1）航运物流。国际航运枢纽功能持续提升，广州港南沙港区已建成华南最具规模的集装箱、汽车、油品和通用码头群，码头泊位共92个，万吨级以上泊位16个，助推广州港集装箱吞吐量进入全球前五。

（2）高端制造。先进制造业发展壮大，汽车产业集群产值突破千亿元，广汽丰田第四生产线2021年6月建成投产、第五生产线2022年12月正式投产，恒大纯电动汽车试产，将打造2个年产能100万辆智能网联汽车产业集群。电装二期、芯聚能、联晶智能、晶圆半导体等项目动工建设，第三代半导体创新中心挂牌，获批国家级智能网联汽车测试示范区。船舶、海工、核电等装备制造不断壮大，先进制造业占规上工业产值66.7%。

（3）金融商务。金融开放创新深入推进。持牌法人金融机构12家，落户广州期货交易所、大湾区国际商业银行、汇丰全球培训基地等重大金融平台，动工建设国际金融论坛（IFF）永久会址，落地实施自由贸易账户，融资租赁合同金额占全市80%，成为大湾区最大的飞机船舶租赁集聚区。

（4）科技创新。创新型产业体系加快形成，落户科大讯飞华南人工智能研究院、云从人工智能视觉图像创新研发中心等四大人工智能产业研发平台；培育出云从科技、小马智行、暗物智能3家人工智能"独角兽"企业，以及主导制定电子纸国际标准的奥翼电子等优质企业。

（5）生命健康。首批国家健康医疗旅游示范基地。广东医谷已入驻200多家生命健康企业。大湾区精准医学产业基地落户。布局华南唯一的国际IPv6根服务器，打造第三代半导体全产业链，海芯集成电路总部和生产基地、中山大学国际药谷、奥飞数据智慧科创总部等一批重大产业项目动工建设。

战略意义：2017年5月，广东省第十二次党代会要求南沙"建设成承载门户枢纽功能的广州城市副中心"。2019年2月，《粤港澳大湾区发展规划纲要》正式发布，赋予了广州南沙建设粤港澳全面合作示范区的历史使命，要求携手港澳建设高水平对外开放门户、创新发展示范区、金融服务重要平台和优质生活圈。南沙新区在国家、省、市发展大局中的战略地位不断提升，形成了"三区一中心"（国家新区、自贸试验区、粤港澳全面合作示范区和承载门户枢纽功能的广州城市副中心）的发展新格局。

发展目标：南沙新区聚焦"国际航运中心、国际新型贸易中心、国际创新金融中心、国际化科技产业创新中心"四个中心建设，着力建设面向国际的区域综合交通枢纽和信息枢纽，着力构建创新型产业体系，加快建设国际化滨海生态城市，强化资源要素优进优出的门户作用和集聚辐射的枢纽功能，打造粤港澳大湾区综合服务功能核心区和共享发展区，初步形成承载门户枢纽功能的广州城市副中心基本框架。

南沙新区立足广州、依托珠三角、连接港澳、服务内地、面向世界，建设成为粤港澳优质生活圈和新型城市化典范、以生产性服务业为主导的现代产业新高地、具有世界先进水平的综合服务枢纽、社会管理服务创新试验区，打造粤港澳全面合作示范区。

南沙开发走"从容跨越"的三步道路：

（1）起步建设阶段（2011~2015年）。到2015年，使经区划调整后的南沙新区，在经济、社会、生态环境、国际化等方面居广州市前列。

（2）基本建成阶段（2016~2030年）。到2030年，南沙新区在经济、社会、生态环境、国际化等方面应基本达到2010年中国香港及其他国际先进城市水平。

（3）最终建成阶段（2030~2050年）。到2050年，南沙新区在经济、社会、生态环境、国际化等方面应达到中国香港及其他国际先进城市水平。

七、陕西西咸新区

2014年1月6日，国务院发布国函〔2014〕2号文件，正式批复陕西设立西咸新区。至此，西咸新区正式成为国家级新区，是中国的第7个国家级新区。西咸新区是经国务院批准设立的首个以创新城市发展方式为主题的国家级新区。

西咸新区位于陕西省西安市和咸阳市建成区之间，区域范围涉及西安、咸阳两市所辖7县（区）23个乡镇和街道办事处，规划控制面积882平方千米。西咸新区是关中-天水经济区的核心区域，区位优势明显、经济基础良好、教育科技人才会集、历史文化底蕴深厚、自然生态环境较好，具备加快发展地条件和实力。

空港新城：聚焦航空枢纽保障业、临空先进制造业、临空高端服务业三大主导产业方向，重点发展航空制造、生物医药、电子信息三大核心产业、特色文旅、临空会展和商贸服务三大特色产业和数字经济产业，打造具有影响力的国家级临空经济示范区。

沣东新城：重点发展科技研发、总部经济、智能制造，积极发展文化旅游和商贸服务产业，打造总部经济、科技研发和现代商贸之城。

秦汉新城：重点发展以新能源汽车为引领的先进制造业，大力发展以生命健康和文化旅游为重点的现代服务业，前瞻培育新经济新业态，为实现"双碳"目标奠定产业基础。

沣西新城：重点发展大数据与云计算、人工智能、软件与信息服务等数字产业，积极发展先进制造业，打造科创和现代信息之城。

泾河新城：重点发展新能源新材料、应急安全、新能源汽车关键零部件、光通信设备、智能家居、文旅茯茶等产业，高质量打造西安先进制造新引擎、旅游休闲目的地。

一园：即能源金贸区，重点发展总部经济、金融与人居配套，积极发展现代服务业、文化创意产业，打造西安新中心中央商务区和西安国际高端社区。

主导产业：

（1）航空物流产业方面。西咸新区已引进南方航空、奥凯航空等6家航空货运公司，普洛斯等8家世界500强物流企业和中外运等7家中国

5A 级物流企业，阿里巴巴、京东、大龙网等电子商务巨头，FedEx、UPS、DHL、日本近铁、嘉里大通、德国辛克等 4O 余家国内外大型货代公司，形成了物流地产及仓储、货物代理、快件转运与分拨、货物运输和转运、（跨境）电子商务等产业链环节，航空物流产业链基本形成。

（2）信息服务业方面。西咸新区已聚集微软和中国联通、中国电信、中国移动、陕西广电网络四大运营商，建立了国家 10 部委数据备份中心，入驻了淘宝等 6 家知名平台，形成了以信息服务和信息技术产业为核心，覆盖大数据、云计算、物联网、电子政务、电子商务等领域的较为完善的产业链。

（3）高端装备制造业方面。西咸新区聚集了华晨汽车、力拓重工、西玛电机、秦星新能源汽车等大型制造业企业，涉及领域包括野外作业房车、押钞车以及其他定制特种车整车制造、煤矿设备生产、电机制造、新能源汽车整车制造，完成高端装备制造业的初步聚集。

发展目标：在充分考虑与上位规划相衔接的基础上，结合新区产业发展的基础和优势，未来发展的潜力和重心，提出了"一窗口三示范两高地"的产业发展定位：秦创原创新驱动平台总窗口、国家级产业高质量发展示范区、"双循环"创新发展示范区、彰显特色魅力的文化旅游融合示范区、国家战略性新兴产业高地、内陆产业开放合作高地。提出到2025 年，地区生产总值达到 1200 亿元，形成以先进制造、电子信息、临空经济、科技研发、文化旅游、总部经济和都市农业为引领的"6＋1"主导产业集群的发展目标。明确了以构建"6＋1"主导产业集群为重点，形成"一轴、五新城、一园"的"151"产业发展空间格局。

战略意义：将建设西咸新区作为深入实施西部大开发战略的重要举措，探索和实践以人为核心的中国特色新型城镇化道路，推进西安、咸阳一体化进程，为把西安建设成为富有历史文化特色的现代化城市、拓展我国向西开放的深度和广度发挥积极作用。

八、贵州贵安新区

2014 年 1 月 6 日，国务院印发了《国务院关于同意设立贵州贵安新区的批复》，同意设立国家级新区——贵州贵安新区。贵州贵安新区位于贵阳市和安顺市接合部、黔中经济区核心地带，是贵州省地势最为平坦开阔、用地条件最好、开发建设成本较低的地方，规划面积 1795 平方千米。规划范围为贵阳市花溪区（湖潮乡、石板镇、党武乡、麦坪乡）、清镇市（红枫湖镇）和安顺市的平坝区（马场镇、高峰镇、鼓楼街道、安平街道、天龙镇、白云镇、夏云镇、乐平镇，十字回族苗族乡、羊昌布依族苗族乡）、西秀区（蔡官镇、七眼桥镇、大西桥镇、旧州镇、刘官乡、黄腊布依族苗族乡），共 2 市 4 县（市、区）21 个乡（镇）。

贵州贵安新区位于中国西南出海大通道，是连接成渝、长三角、珠三角和东盟自由贸易区的十字交通节点，沪昆高速、沪昆高铁贯穿全境。辖区骨干路网健全，贵阳贵安交通互联互通，半小时到达龙洞堡国际机场、黄果树支线机场、贵阳北站、贵阳东站，基本构建起贵阳贵安"半小时通勤圈"。可通过高铁 2~4 小时通达贵州周边省会城市，6 小时抵达出海港口，基本建成西部陆海新通道交通枢纽体系。

主导产业：贵州贵安新区以大数据电子信息产业为主体，电子信息制造、装备制造两个主导产业，以及发展新能源、新材料两个特色产业。

电子信息制造业重点围绕智能终端、服务器等领域；先进装备制造重点围绕航空航天、航天主机及零部件、电气机械和器材制造等领域；新能源汽车重点围绕电动重卡、轻卡、客车、商用车、动力电池等领域；新材料重点围绕新能源电池正负极材料、新型半导体材料、新型建筑材料等领域发展。强化产业链思维，着力建链、补链、延链、强链。

围绕打造数据中心聚集区、电子信息制造业、软件和信息技术服务产业"三个千亿级新产业集群"，规划建设大数据科技创新城，陆续建成移动、联通、电信、华为、腾讯、苹果、富士康等一批数据中心，白山云、华为云等数据服务供应商快速成长，到 2025 年将形成 400 万台服务器规模。抢滩布局先进装备制造、高端纺织针织、生态特色食品加工等主导产业，中航发、华彬、中粮、鲲鹏等一批重大项目开工建设，恒力（贵阳）产业园建成投产，苏贵产业园加快建设，新区正成为吸引高端产业、高端人才的开放高地。

战略意义：要把建设贵安新区作为深入实施西部大开发战略、探索欠发达地区后发赶超路子的重要举措，加快推进体制机制创新，发展内陆开放型经济，努力推动贵州经济社会又好又快发展。

发展目标：着力推进体制机制创新，探索欠发达地区城市发展建设新模式；着力调整优化经济结构，建立现代产业体系；着力提升对内对外开放水平，促进区域经济协调发展；着力推进生态文明建设，促进人与自然和谐发展，不断增强综合竞争实力，带动周边地区共同发展，把贵安新区建设成为经济繁荣、社会文明、环境优美的西部地区重要的经济增长极、内陆开放型经济新高地和生态文明示范区。

九、青岛西海岸新区

2014 年 6 月 3 日，青岛西海岸新区获国务院批复设立，成为第 9 个国家级新区。新区陆域面积 2128 平方千米，海域面积 5000 平方千米、海岸线 282 千米，辖十大功能区、23 个镇街、1228 个村居，总人口 190 万。辖 8 镇（琅琊镇、藏马镇、泊里镇、大场镇、海青镇、大村镇、六汪镇、宝山镇），14 个街道（张家楼街道、王台街道、长江路街道、黄岛街道、薛家岛街道、辛安街道、灵珠山街道、红石崖街道、灵山卫街道、隐珠街道、胶南街道、珠海街道、滨海街道、铁山街道），1 个省级自然保护区（灵山岛省级自然保护区）。

西海岸新区地处青岛市西南部，山东半岛西南隅，胶州湾畔。位于京津冀和长三角两大都市圈之间，环渤海经济圈的南缘，山东半岛蓝色经济区的核心地带，是黄河流域主要出海通道和亚欧大陆桥东部重要端点，与韩国隔海相望。

主导产业：

（1）保税功能区。发挥口岸功能与保税功能叠加优势，重点发展国际贸易、保税加工、保税物流、港航服务、航空、新材料和临港装备制造等产业。

（2）国家经济合作区。中德生态园核心区发展能源环境、节能环保、节能生态示范建筑、人才培训职业教育等；中德生态园区拓展区发展高端装备制造、新材料、电子信息等战略性新兴产业和科技研发、工业设计、文化创意产业；中日韩经济合作区发展汽车及零部件、新能源汽车、临港装备制造、船舶零部件等装备制造产业和新材料、生物医药等产业。

（3）西海岸国际旅游度假区。海岛片区，大力发展文化创意、出版传媒、影视制作现代文化产业；建设竹岔岛海上乐园，发展休闲度假、免税购物等高端旅游西海岸国际旅游度假区业。大珠山生态片区，发展民俗节庆、艺术创作、观光旅游和健身休闲，打造佛文化生态旅游区。小珠山生态片区，挖掘齐长城、佛教文化，建设新区中心区城市生态公园。

（4）西海岸新区。西海岸新区的行政、文化、金融、教育等中心。

（5）古镇口产业区。发展装备维修、船舶维修等产业；发展文化、商贸、教育、居住、娱乐等配套服务业。

（6）董家口经济区。建设国家级循环经济产业示范区，发展煤炭、原油、矿石等大宗商品物流、贸易和港航服务；装备制造、石油化工、特种钢铁等；传承琅琊历史文化遗产，保护性开发人文与自然景观，发展旅游业。

（7）西部生态农业及休闲区。发展特色农产品，重点发展蓝莓、食用菌、茶叶等特色高效农业；积极发展乡村农业，带动农民致富，提高城乡一体化发展水平。

战略意义：作为山东半岛城市群的增长极，现代化经济体系的新引擎，新旧动能转换的引领区，并成为高质量发展的国家级新区典范。建设西海岸新区发展成为海洋科技自主创新领航区，深远海开发战略保障基地，军民融合创新示范区，海洋经济国际合作先导区，陆海统筹发展试验区。

发展目标：将西海岸新区建设成为军民幸福、干部自豪、令人向往的美丽新区。2035 年基本实现社会主义现代化。将西海岸新区建设成为充满活力、时尚美丽、独具魅力的现代化新城。21 世纪中叶全面实现社会主义现代化。将西海岸新区建设成为令人向往的卓越海湾都市区。

十、大连金普新区

大连金普新区设立于 2014 年 6 月，是全国第 10 个、东北地区第 1 个国家级新区，总面积 2299 平方千米，是 19 个国家级新区中陆域面积最大的新区，常住人口 161 万。辖 25 个街道（拥政街道、友谊街道、光中街道、马桥子街道、海青岛街道、大孤山街道、站前街道、先进街道、董家沟街道、金石滩街道、湾里街道、二十里堡街道、亮甲店街道、登沙河街道、大魏家街道、杏树街道、七顶山街道、华家街道、向应街道、大李家街道、得胜街道、炮台街道、复州湾街道、三十里堡街道、石河街道）。

金普新区地处东北亚地理中心位置和黄渤海经济圈关键地带，是大连航运中心核心功能区，背靠广袤的东北大地，濒临浩瀚的黄渤两海，是东北地区走向世界的海空门户，也是与东北亚国家经贸往来和开放合作的重要枢纽。

主导产业：

（1）石油化工产业。金普新区石油化工产业主要由两个板块组成，一个是大孤山半岛，分布有西太平洋石化、逸盛大化等重化工企业，是新区着力打造和优化转型升级的千亿产业集群的核心区。另一个板块分布在普湾经济区的松木岛化工园区，聚集了中触媒、理工齐旺达等一批知名企业。

（2）装备制造产业。金普新区正逐渐成为装备制造业最重要的产业转移承接区和战略性新兴产业发展的核心区，获工信部"国家新型工业化产业示范基地"称号。金普新区全力推进智能装备制造业发展，开工建设智能装备产业园，目前已形成以高端数控机床和自动化主控系统为主导产业的智能装备制造产业，主要有大连机床集团、光洋科技、山崎马扎克、格劳博机床等一批国内外龙头企业。

（3）电子信息产业。金普新区电子信息产业主要以外向型经济为主，产业规模占大连市的六成，辽宁省的1/3以上。现有电子信息产品制造企业471家，产值超过亿元企业45家，企业创新活力明显。英特尔300毫米、65纳米芯片项目的落地和"非易失性存储制造项目"的启动给新区乃至大连成为全球知名高端集成电路产业基地奠定了良好基础。

（4）汽车及零部件产业。金普新区拥有五大整车企业，120余家汽车及零部件企业，汽车产业已成为金普新区工业增长最快的行业。在技术研发、生产和营销上，均有力提升了整车制造的规模和档次。现已形成上中下游产业链条齐备的发展态度，在中国汽车工业协会授牌的12个"中国汽车零部件制造基地"中，金普新区的产品种类、质量品牌排名第一，总量规模排名第二。

（5）生物医药产业。大连共有各类生物企业300余家，医药工业企业140余家，其中90%分布在金普新区内。目前，金普新区拥有规模以上生物医药企业50余家，其中年产值过亿的企业近10家，基本形成以辉瑞制药、欧姆龙、珍奥集团等一批大企业为龙头的生物医药产业集群，成为辽宁三大生物产业集聚区之一。

战略意义：金普新区的战略定位是"一地一极三区"，面向东北亚区域开放合作的战略高地、引领东北地区全面振兴的重要增长极、老工业基地转变发展方式的先导区、体制机制创新与自主创新的示范区、新型城镇化和城乡统筹的先行区。

发展目标：

一是迈上国家级新区建设新台阶。综合实力稳步提升，经济总量和人均可支配收入持续增长，地区生产总值年均增长 6.5% 以上，朝着大连市半壁江山目标加快迈进，实现在国家级新区排名位次前移。经济发展的科技含量、生态质量和就业质量更高。

二是形成高质量发展新结构。产业基础高级化和产业链现代化攻坚战取得积极进展，以数字赋能的"433+1"现代产业体系基本形成，工业增加值占地区生产总值比重保持在 50% 左右，战略性新兴产业产值占工业总产值比重达到 30%，数字经济核心产业增加值占地区生产总值比重达到 12%。

三是塑造高水平开放新格局。基本建立以日韩为重点的全面开放全方位开放新格局，开放型经济体系更加完善，优化法治化、国际化、便利化的营商环境，面向东北亚区域开放合作战略高地地位更加巩固。

四是建立改革创新发展新优势。新区治理体系不断完善，治理能力现代化水平明显提高，重要领域和关键环节改革取得决定性成果，政府管理方式更加高效科学，市场主体作用充分发挥，民营经济加快发展，增加值占地区生产总值比重超过 60%。国家自主创新示范区建设取得重大突破，研发经费投入增长 4%，国家级高新技术产业企业数量超过 1100 家，瞪羚、独角兽企业数量实现翻一番。

五是实现国际化城市功能新提升，城市营商环境、生态环境、生活标准、治理方式、制度规则与国际接轨程度显著提高，国际港航物流、旅游休闲、人文科技交流功能不断提升，智慧城市建设成效显现，"平安金普""法制金普""信用金普"建设取得新成效，社会治理水平明显提高，突发公共事件应急能力显著增强。

六是推动民生福祉达到新水平。居民生活水平全面提升，实现更加充分更高质量就业，城乡居民收入增长和经济增长基本同步，常住居民人均可支配收入平均增长 6.5% 左右，分配结构明显改善，城乡基本公共服务均等化水平持续提高，教育、卫生、文化等社会事业保持良好发展势头，多层次社会保障体系更加健全，脱贫攻坚成果巩固拓展，乡村振兴战略全面推进。

十一、四川天府新区

四川天府新区是 2014 年 10 月 2 日由国务院批复设立的第 11 个国家级新区，是国家实施新一轮西部大开发战略的重要支撑。四川天府新区位于四川省成都市主城区南部偏东方向，地处成都平原，主要包括了成都市管辖的成都高新区、双流区、龙泉驿区、新津区，简阳市的部分地区，眉山市管辖的彭山区、仁寿县部分地区，共涉及 2 市 7 区（县、市）31 个镇和街道，总面积 1578 平方千米。具体为：成都高新区（石羊街道、桂溪街道、中和街道），双流区（东升街道、华阳街道、万安街道、兴隆街道、正兴街道、煎茶街道、籍田街道、新兴街道、太平街道、永兴街道、西航港街道、黄甲街道、怡心街道、黄龙溪镇、永安镇、黄水镇），龙泉驿区（龙泉街道、大面街道、东安街道、柏合街道、山泉镇），新津区（普兴街道），简阳市（丹景街道（含三岔湖水域）、贾家街道、高明镇、武庙镇），彭山区（青龙街道），仁寿县（视高街道）。

主导产业：

（1）电子信息。天府软件园区自 2005 年正式投入运营以来，已经吸引了包括近 250 家国内外知名企业入驻。

（2）汽车制造。大众、沃尔沃、丰田、吉利等众多世界驰名的汽车及工程机械产业巨头在成都经开区聚集。

（3）新能源。在天府新区政策下，双流西航港开发区已迅速发展为国内技术路线最齐、产业链条最长、发展潜力最大的新能源产业基地。

（4）新材料。新材料产业功能区是天府新区新津片区的核心区域。园区已成功引进韩国 SK、美国 JM、中材集团等新材料工业项目超 40 个，协议投资百亿元。

（5）生物医药。双流生物医药产业园区依托天府新区建设，未来将大力打造西部生物医药产业研发和制造基地。在 8 平方千米的生物医药产业园，德国拜耳、恩威集团、修正药业等知名医药企业纷纷入驻，抢占投资热土。

（6）金融。四川银监局、四川保监局、成都市金融办、中国进出口银行成都分行、中信银行成都分行分别落户在此。

战略意义：中国西部地区的核心增长极与科技创新高地，以现代制造业和高端服务业为主，宜业宜商宜居的国际化现代新区。其五大核心功能包括全面创新改革试验区、现代高端产业集聚区、内陆开放经济高地、宜业宜商宜居城市、统筹城乡一体化发展示范区。

发展目标：

（1）经济发展目标。总体目标，转变经济增长方式，保持经济持续快速健康增长，大力发展战略性新兴产业、现代制造业与高端服务业，实现产业结构优化升级，增强产业可持续发展能力。

（2）社会发展目标。推进城市化战略，推动人口集聚与城镇化，提高城乡居民收入水平和生活质量，维护社会公平，保障公共利益。

（3）生态环境保护目标。坚持全面、协调、可持续的科学发展观。产业结构不断优化，资源利用率明显提高，生态环境质量明显改善，可持续发挥能力明显增强。建设经济持续增长、社会和谐进步、环境优美、适宜居住的生态城市。

（4）文化发展目标。以历史文化和自然山水构筑天府新区未来核心竞争力，保护和弘扬传统文化，构建现代文化，提升人口文化素质，增强自主创新能力，建设创新型城市。

（5）资源利用与保护目标。把资源节约作为发展的基本原则，调整资源利用结构，提高资源利用效率，促进经济发展与资源环境相协调，建设资源节约型社会。

十二、湖南湘江新区

湖南湘江新区前身为 2008 年 6 月成立的长沙大河西先导区。2015 年 4 月 8 日，国务院正式批复同意设立湖南湘江新区，成为全国第 12 个国家级新区，中部地区首个国家级新区。新区位于长沙市湘江西岸，包括岳麓区、望城区和宁乡市部分区域，核心区域为岳麓区岳麓街道等 15 个街道、望城区喻家坡街道等 8 个街道以及宁乡市金洲镇，覆盖长沙高新技术产业开发区、宁乡经济技术开发区和望城经济技术开发区 3 个国家级园区。

主导产业：

（1）先进制造业。实施先进装备制造业倍增工程，重点发展工程机械、新材料 2 个"两千亿级"产业集群，智能装备、新能源与节能环保、绿色食品精深加工 3 个"500 亿级"产业集群，构建一批各具特色、优势互补、结构合理的先进制造业增长引擎。

（2）新兴特色产业。以生命健康、功率芯片、智能终端、新一代信息技术产业为主，坚持数字产业化和产业数字化，推动实施战略性新兴产业培育工程，促进新技术、新产品、新业态、新模式蓬勃发展，打造具有全国影响力的新兴经济增长极。

（3）现代服务业。包含现代金融、软件业、检验检测、科技服务、电子商务、文化旅游、总部经济，以服务先进制造业和满足人民美好生活需要为核心，积极发展高技术生产性服务业和高品质生活性服务业，促进服务业组团化、集群式、品牌化发展。

（4）智能网联汽车产业。抢抓人工智能产业发展新机遇，按照产业生态支撑、数字交通先行、应用场景主导理念，实施智能网联汽车产业集群提升工程，构建集研发创新、系统测试、应用服务、制造生产于一体的综合型智能网联汽车产业链。

战略意义："三区一高地"，即高端制造研发转化基地和创新创意产业聚集区，产城融合、城乡一体的新型城镇化示范区，全国"两型"社会建设引领区，长江经济带内陆开放高地。

发展目标：到 2025 年，新区综合实力大幅提升，城镇化率达到 89%，地区生产总值年均增速明显高于全省平均水平，战略性新兴产业增加值年均增速达 20% 以上，现代产业体系更加完善，生态环境进一步优化，全方位对内对外开放格局基本形成，成为带动湖南和长江中游地区经济社会发展的重要引擎、长江经济带建设重要支撑点、全国"两型"社会建设先行区。

十三、南京江北新区

2015 年 7 月 2 日，国务院印发《关于同意设立南京江北新区的批复》，正式批复同意设立南京江北新区，江北新区成为中国第 13 个，江苏首个国家级新区。江北新区位于南京市长江以北，由浦口区（江浦街道、顶山街道、泰山街道、沿江街道、盘城街道、桥林街道、汤泉街道、星甸街道、永宁街道）、六合区（大厂街道、葛塘街道、长芦街道、雄州街道、龙池街道、程桥街道、金牛湖街道、横梁街道、龙袍街道、马鞍街道、冶山街道、竹镇镇）和栖霞区（八卦洲街道）构成，包含 21 个街道和 1 个镇。

北新区地处中国东部沿海经济带与长江经济带"T"字形交汇处，东承长三角城市群核心区域，西联皖江城市带、长江中游城市群，长江黄金水道和京沪铁路大动脉在此交汇，连南接北、通江达海，是辐射带动长江中上游地区发展的重要节点。

主导产业：

（1）芯片制造业。将会是一个千亿级的集成电路产业集群，重点打造（集成电路设计及综合应用基地、集成电路设计产业基地、集成电路先进制造产业基地三大基地）。

（2）基因制造业。立足新区基因及生命健康产业现有布局特点和产业发展基础，重点优化"一谷一园一示范"空间布局，重点突出生物医药产业，目前已有 400 多家生物医药企业集聚于江北新区。

（3）金融业。建设立足资管、基金、银行、保险四大领域，加快"一心两谷"金融要素集聚进程，打造大资管生态圈，构建"2+N"产业基金群、加快科技金融专营机构发展、加速金融中介引进，营造银行、基因、保险、券商、信托公司及有限合伙人发挥各自优势、协同开展大资管的新格局。同时，积极打造金融科技、知识产权金融协同创新、新金融国际交流、金融安全稳定等示范平台，丰富新金融发展内涵。

战略意义：

（1）自主创新先导区。充分发挥苏南国家自主创新示范区的引领带动作用，突出企业创新主体，强化科技与经济对接、创新成果与产业对接、创新项目与现实生产力对接、研发人员创新劳动与其利益收入对接，加快集聚高端创新要素，充分释放各类创新资源的潜力与活力，推动大众创业、万众创新，不断提高创新型新区建设水平，着力打造宁镇扬乃至全省创新的策源地和引领区。

（2）新型城镇化示范区。坚持走以人为本、四化同步、优化布局、生态文明、文化传承的中国特色新型城镇化道路，有序推进农业转移人口和其他常住人口在新区落户并享受基本公共服务。保持历史耐心，尊重城市建设规律，合理把握开发节奏，完善提升"新城–新市镇–新社区"新型城镇体系，用最先进的理念和国际一流的水准进行城市设计，打造标杆工程，建设绿色、智慧、人文、宜居新区。

（3）长三角地区现代产业集聚区。加快经济转型升级，以新产业、新业态为导向，以高端技术、高端产品、高端产业为引领，培育壮大战略性新兴产业集群，稳步推进传统产业提档升级，加快发展现代服务业，积极发展现代农业。促进工业化、信息化深度融合，完善产业链条和协作配套体系，建设长三角地区具有较强自主创新能力和国际竞争力的现代产业集聚区。

长江经济带对外开放合作重要平台。抓住国家实施"一带一路"和长江经济带建设重大机遇，发挥区位优势，加强港口联动，推进国际产能合作，加快南京区域性航运物流中心建设，打造江海联动、铁水联运、对接国内外的综合性开放平台，促进长三角城市群与长江中游城市群、皖江城市带等长江中上游地区的协同合作。

发展目标：到 2025 年，绿色发展战略取得重要进展，产业与人口、资源、环境协调发展水平显著提升。南京江北新区综合实力大幅提升，地区生产总值稳定增长，为推进长江经济带建设提供有力支撑。创新驱动发展取得明显成效，力争全社会研发经费支出占地区生产总值比重达到国际先进水平。新型城镇化建设水平和质量稳步提升，常住人口城镇化率高于南京市平均水平，进一步提升社会服务水平，提高城市功能品质。布局合理、特色鲜明的现代产业体系基本形成，服务业增加值比重再提高 8 个百分点，战略性新兴产业产值年均增长达到 30% 以上，建成具有重要影响力的现代产业科技创新中心。城市枢纽功能得到优化、公共服务水平明显提升、区域辐射带动作用不断增强，初步建成长江经济带上环境优美、宜居宜业、具有较强国际影响力的现代化新区。

十四、福州新区

2015 年 8 月 30 日，国务院正式批复同意设立福州新区。福州新区规划控制总面积 1892 平方千米，涉及福州沿海、沿江 6 个县（市）区部分乡镇（街道）。初期规划面积 800 平方千米，规划范围包括马尾区、仓山区、长乐区、福清市部分区域。

福州作为福建省省会城市，地处长三角与珠三角之间，具有与长三角、珠三角开展广泛合作、与东南沿海区域联动发展的地理优势，是海峡西岸经济区的重要增长极。福州也是我国首批 14 个沿海开放城市之一，与中国台湾地区隔海相望，经贸往来和人文交流源远流长，在深化两岸交流合作中具有重要地位。新区位于福州市沿海，随着向莆铁路开通运营、合福铁路建成通车，新区腹地范围进一步拓展，与中部地区开展经济合作的条件得到明显改善。

主导产业：

（1）光电产业。打造特色鲜明、分工协作的光电产业布局。光电材料领域，研究熔盐法、提拉法、水溶液法等晶体生长技术，重点生产非线性光学晶体、激光晶体等晶体材料。光电元器件领域，研究光学薄膜、精密光学、模压玻璃非球面、光纤器件等技术，重点生产平面光学组件、球面光学组件、光通信器件、高功率激光器件等产品。光学镜头领域，研发生产变焦镜头、定焦镜头、鱼眼镜头、一体机镜头、大广角镜头等产品，应用于安防、车载、红外、机器视觉等场景。

（2）通信及网络终端。依托福州高新区、福州经济技术开发区等园区，以星网锐捷、新大陆等企业为龙头，加快生产整机、服务器等基础硬件产品，发展壮大通信及网络终端产业。重点研发交换机、路由器、云终端、智能 POS 等信息通信终端，提供极简网络、移动互联、云桌面、电子支付等相关领域完整解决方案，推动核心产品体系化发展和规模化应用，培育具有业界领先水平和核心竞争力的网络通信产品、电子支付产品企业。

（3）生物医药。打造集生物制药、医疗器械、健康医疗大数据等为一体的生命健康产业链。重点开发引进细胞工程、互联网医疗、诊断试剂、精准医疗、发酵工程和酶工程、海洋药物等现代医药生物技术，提高生物医药研发及市场化水平。

战略意义：

（1）扩大对外开放重要门户。积极参与、主动融入"一带一路"，打造我国 21 世纪海上丝绸之路核心区的中心城市。大力发展开放型经济，探索新形势下对外开放的新模式。依托海关特殊监管区域等平台，加大对外开放力度，积极推动中国（福建）自由贸易试验区建设，尽快形成可复制、可推广经验。

（2）东南沿海重要的现代产业基地。推进产业转型升级，着力发展高新技术产业和现代服务业，深度开发利用海洋资源，培育发展海洋新兴产业，壮大临港产业，实现新区建设与产业升级"双轮驱动"、协同推进，打造东南沿海重要的现代产业基地。

（3）改革创新示范区。深入落实创新驱动发展战略，按照国家关于构建区域创新体系的部署，加快制定新区创新发展顶层设计，提升区域创新能力。探索落实创新驱动各项改革举措，在创新型人才吸引、科技成果转化、利益分配激励机制等方面先行先试，发挥新区示范带动作用。积极探索城乡一体化发展新模式，为全国城乡管理体制改革提供经验和示范。加快推进简政放权、放管结合、优化服务，打造更加国际化、市场化、法治化的公平、统一、高效的营商环境。

（4）生态文明先行区。强化生态文明理念，按照绿色循环低碳模式指导新区开发建设。全面优化新区国土空间开发格局，大力推动城镇化绿色发展。加快推进新区产业转型升级，推动循环化布局，对现有园区实施循环化改造，重点推进生产与生活系统的循环链接，全面促进资源节约利用。加大新区生态建设和环境保护力度，提升生态文明建设能力和水平。建立健全新区生态环境保护管理体制、生态补偿制度和资源有偿使用制度，推进新区经济社会与自然环境协调发展。

发展目标：到 2030 年，新区开发开放实现重大跨越，综合实力和国际竞争力、影响力显著提升，基本建成经济发达、社会和谐、生态优美的现代化新区，成为带动区域发展的重要引擎，生态文明建设水平显著提升，实现"机制活、产业优、百姓富、生态美"的有机统一。

十五、云南滇中新区

2015 年 9 月 7 日，国务院印发《关于同意设立云南滇中新区的批复》（国函〔2015〕141 号），云南滇中新区正式成为全国第 15 个国家级新区。滇中新区位于云南省昆明市主城区东西两侧，是滇中产业聚集区的核心区域，初期规划范围包括安宁市、嵩明县和官渡区部分区域，面积约482平方千米。

滇中新区位于云南省地理中心，紧邻昆明市中心城区，交通运输网络完备，沪昆铁路、成昆铁路以及京昆高速公路、沪昆高速公路、渝昆高速公路、杭瑞高速公路等国家高速公路和多条国道贯穿新区，拥有国家门户枢纽机场昆明长水国际机场，与珠三角、长三角、京津冀等地区以及南亚东南亚国家人员、货物往来便利。

主导产业：

（1）现代制造业。主要依托杨林经济技术开发区、昆明空港经济区、安宁工业园区，抢抓新一轮科技革命和产业变革机遇，以智能制造为主攻方向，坚持自主可控、安全高效，优化产业链供应链发展环境，引进产业链龙头企业，打造现代制造业示范基地。以现代制造业示范基地为引领，锻长板、补短板，做大做强新能源汽车及高端装备、化工（含石化）、新材料及冶金、电子信息、生物医药五大产业集群，推动全产业链优化升级，打造一批空间上高度集聚、上下游紧密协同、供应链集约高效的特色产业集群，实现新区制造业比重明显提高。

（2）服务业。以面向东南亚为重点，进一步推动新区深化服务业改革开放，持续释放长水国际机场和各铁路站点的枢纽效应、门户效应、流量效应，巩固和提升临空经济发展特色，打造国际化经贸交流基地。以国际化经贸交流基地为引领，促进国际间物流、人流、资金流、信息流加速涌动，坚持传统与新兴、线上与线下、生产与生活并重，加快规划建设一批城市综合体、商业街区和重大服务业项目，重点打造商贸及现代物流、高端商务及总部经济、旅游及健康服务三大现代服务业集群。

（3）数字产业。落实"数字云南"建设部署，抓住数字化发展实现"换道超车"的机遇，坚持资源数字化、数字产业化、产业数字化、数字化治理发展思路，走"以应用引企业、市场换产业"的路子，以场景应用为切入口，推动数字赋能经济、提质产业发展、增效社会治理，全面推进新区经济社会数字化转型，把新区打造成为云南数字经济新高地。

战略意义：

（1）我国面向南亚东南亚辐射中心的重要支点。充分发挥云南区位优势，提升面向南亚东南亚开放的通道和门户功能，把新区建设成为参与大湄公河次区域经济合作、孟中印缅经济走廊建设等国际合作的重要平台，形成内外联动、互为支撑的开放合作新格局。

（2）云南桥头堡建设重要经济增长极。创新产业发展模式，高起点打造重要的临空产业基地、承接产业转移示范区、资源型产业转型升级示范基地、绿色先进制造基地、战略性新兴产业基地和现代服务业基地，带动滇中地区乃至云南省经济更好更快发展，努力缩小与发达地区的差距。

（3）西部地区新型城镇化建设综合试验区。坚持走"以人为本、四化同步、优化布局、生态文明、文化传承"的新型城镇化道路，创新承接产业转移方式和途径，增强产业集聚能力，探索促进产城融合发展的新模式，积极吸纳农业转移人口，加快就地城镇化进程，建立健全有利于人口合理流动的体制机制，有序推进外来人口市民化。创新建设发展与社会管理模式，提升综合承载能力与可持续发展水平。

（4）改革创新先行区。全面深化改革，学习借鉴自由贸易试验区的成功经验，在涉外经济管理体制、开发建设模式、创新平台建设等方面开展积极探索。大力实施创新驱动发展战略，推进科技创新，大幅提升自主创新能力，加快构建有利于大众创业、万众创新的区域创新体系。不断提高行政管理服务水平，努力把新区建设成为全面深化改革的先行区。

发展目标：锚定二〇三五年远景目标，综合考虑新区发展基础、发展条件和发展需要，保持"打基础、谋长远"战略定力，实施"432"战略，到2025年，新区特色产业集群培育、产城融合平台建设、大循环双循环融入、一流营商环境升级四大行动取得明显成效，小哨国际新城、云南东盟产业城、空港国门商旅区三大标志性新城初步建成，嵩明-空港、安宁两大特色城镇群更加完善，深度融入以国内大循环为主体、国内国际双循环相互促进的新发展格局，地区生产总值达到1400亿元左右，在全省高质量发展中走在前列、树立标杆。具体目标为：

（1）经济综合实力不断提升。地区生产总值年均增速达到10%以上，工业增加值年均增速达到12%以上，固定资产投资年均增速达到20%以上，一般公共预算收入年均增速不低于省年均增速，工业增加值占地区生产总值的比重明显提高，现代产业体系初步形成，经济发展质量和效益明显提高。

（2）创新驱动水平显著提高。以企业为主体的创新生态体系初步形成，研发投入占地区生产总值比重逐步提高，研发机构数量不断增加，高新技术企业数量基本实现翻一番，高新技术产业增加值年均增速达到18%以上，数字经济蓬勃发展，创新创业活力明显增强。

（3）空间承载能力明显增强。以人为核心的新型城镇化加快推进，三大标志性新城初步建成，新型基础设施和传统基础设施统筹并进，"产""城""人"深度融合协调发展，民生福祉不断提升，特色城镇群加速崛起，形成与昆明都市圈、滇中城市群协同联动发展新局面。

（4）绿色转型成效持续彰显。单位GDP能耗、单位GDP二氧化碳排放量持续降低，城镇平均绿化覆盖率明显提高，土地利用更加集约高效，新增1个国家级绿色园区，生态环境质量持续改善，生态美、环境美、城市美、乡村美、山水美成为普遍形态。

（5）开放合作程度日益加深。开放合作层次和国际化水平不断提升，临空经济加快发展，长水国际机场航空旅客吞吐量、货物吞吐量持续增长，实际利用外资额和进出口贸易总额明显增加，立足云南、面向全国、辐射南亚东南亚的开放型经济进一步壮大。

十六、哈尔滨新区

国务院于2015年12月16日批复同意设立哈尔滨新区。包括哈尔滨市松北区、呼兰区、平房区三区的部分区域，规划面积493平方千米，涵盖哈尔滨高新技术开发区、哈尔滨经济技术开发区和利民经济技术开发区3个国家级开发区。

哈尔滨新区距哈尔滨太平机场仅20分钟车程，进哈尔滨港的船舶可直达朝鲜、韩国和东南亚地区，已构建起航空、水运、公路、铁路、地铁五位一体的现代化交通网络。哈欧班列、哈俄班列、哈绥釜陆海联运班列已经实现常态化双向运营；面向俄罗斯、辐射东北亚的"一带一路"和中蒙俄经济走廊大通道已初具规模。

主导产业：

（1）新一代信息技术产业。高新区内共有新一代信息技术企业300余家，哈尔滨安天科技有限公司、哈工大软件工程股份有限公司哈尔滨航天恒星数据系统科技有限公司、地理信息产业园等，为发展新一代信息技术产业打下了良好的产业基础。

（2）新材料新能源产业。高新区内形成了以中船重工703所中小燃气轮机产业园、中电科49所电子传感器产业园、中航三院钛合金产业基地等为代表的央企产业集群；形成了以万鑫石墨谷、奥瑞德光电、博瑞芯片靶材、哈尔滨焊接研究所、哈尔滨玻璃钢研究院等为代表的具有全球话语权的产业集群。

（3）高端装备制造产业。高新区内已有近百家智能装备制造企业，包括以国家大科学项目、哈工大小卫星为代表的航天产业园，以哈工程大学船海装备为代表的碧海产业园，中船重工龙江广瀚燃气轮机有限公司、哈工大卫星激光通信技术股份有限公司、哈尔滨超精密装备工程技术中心有限公司等企业的核心技术均具有国际领先水平。

（4）金融及现代服务业。国家开发银行、进出口银行、东亚银行、哈投集团、黑龙江省股份交易中心等一批国内外银行及金融机构的区域总部均已落户，已经形成了完善的金融配套服务体系。神华集团东北能源贸易有限公司、香港卫视东北亚总部基地、龙商能源集团等一批总部基地项目相继落户，万达茂、奥特莱斯枫叶小镇、杉杉奥特莱斯等一系列商业服务配套项目相继投入使用。

（5）文化旅游产业。松江避暑城、波塞冬海洋王国、杉杉奥特莱斯、东北虎林园、哈尔滨大剧院、鱼文化特色村、太阳岛、冰雪大世界、万达文旅城、金河湾湿地公园、奥特莱斯枫叶小镇、蓝湖温泉小镇、葡萄采摘园等项目形成了沿松花江贯穿东西的旅游观光带。香格里拉酒店、凯宾斯基酒店、万达文华酒店、万达嘉华酒店、皇冠假日酒店、敖麓谷雅酒店等一批 AAAAA 级酒店为文化旅游产业的发展提供了有力保障。

（6）绿色食品产业。总规划面积 7.45 平方千米的绿色食品产业园区集聚了食品企业 50 余家，拥有雪花、龙丹、太子乐等 3 个中国名牌，老鼎丰、正阳河、正阳楼等 3 个中华"老字号"，中国酿酒、正大雪莲等省市知名品牌产品近 20 个。

（7）生物医药产业。总规划面积 21.06 平方千米的生物医药产业园集聚了世界 500 强国药集团、国内 500 强哈药集团等医药及配套企业 105 家，其中上市公司 5 家，成为全省唯一的省级医药重点园区。拥有国家级博士后工作站 7 个，院士工作站 3 个，国家和省级实验室 8 个。

战略意义：哈尔滨新区作为推进"一带一路"建设、加快新一轮东北地区等老工业基地振兴的重要举措，积极扩大面向东北亚开放合作，探索老工业基地转型发展的新路径，为促进黑龙江经济发展和东北地区全面振兴发挥重要支撑作用。

发展目标：哈尔滨新区将按照"一江居中、两岸繁荣"的总体布局，以哈尔滨松花江北部地区为核心区，以哈尔滨哈南工业新城平房区部分为产业支撑区，以综合保税区、内陆港为联动发展区。

哈尔滨新区建设过程中，将充分发挥对俄罗斯、蒙古国、日本、韩国等东北亚国家的地缘优势——加快构建以对俄罗斯合作为重点、联通欧亚的国际物流大通道。打造科技、信息、金融、国际贸易、文化旅游等高端服务和要素集聚平台，形成推进"一带一路"和中蒙俄经济走廊建设的重要支撑。

建设开放型产业体系——重点发展高端装备、绿色食品、新一代信息技术等千亿级产业集群，培育发展生物医药、新材料、节能环保产业，加快发展金融商务等现代服务业和战略性新兴产业，提升产业国际竞争力。

提升自主创新能力——培育一批有国际影响力的创新型企业，为中国老工业基地推进自主创新、转型发展提供经验。

建设生态宜居新城区——发挥冰雪旅游的独特优势，依托太阳岛等景观、设施和生态湿地资源，建设融合冰雪文化、湿地生态文化、中国北方民俗文化、俄罗斯文化的国际文化旅游产业集聚区和世界知名的旅游目的地。

争取到 2030 年，哈尔滨新区与国际接轨的开放合作和自主创新发展环境基本形成；常住人口超过 200 万，成为国际化、现代化、智慧化和生态化发展新城区。

十七、长春新区

长春新区是国务院于 2016 年 2 月 3 日批复同意设立，是第 17 个国家级新区。长春新区紧邻长春市主城区，其主体位于长春东北侧，是长吉图开发开放先导区的重要组成部分，包括长春市朝阳区、宽城区、二道区和九台区部分区域，覆盖长春高新技术产业开发区，规划面积约 499 平方千米。长春新区下辖长春高新技术产业开发区（双德乡、硅谷街道办事处）、北湖科技开发区（北湖街道办事处、奋进乡）、长德经济开发区（长德街道办事处）、长春空港经济开发区（西营城街道办事处、兴港街道办事处）四个开发区。

长春新区位于长吉图开发开放先导区核心腹地和我国东北地区地理中心，是哈（尔滨）大（连）经济带和中蒙俄经济走廊的重要节点。长春位于东北三省中间，上接黑龙江下连辽宁，三个省形成了一个经济走廊，振兴东北战略实施需要长春"发力"，把整个东北经济带动起来。从东西看，长春向东是吉林市、珲春市，再向外延伸是俄罗斯、韩国、日本；向西是内蒙古，再向外延伸是蒙古国和俄罗斯，处在中蒙俄的东西大动脉上。

主导产业：

（1）围绕培育壮大生物医药、IT、航空航天、先进装备制造四大主导产业，新区每年新引进产业项目 100 个以上，特色产业园区发展到 45 个，规上工业企业发展到 166 户。

（2）生物医药产业集聚企业 200 余家，2020 年底产值达到 160.8 亿元，占全市的 82.4%。国药集团新冠疫苗项目投产，并获得批签发上市供应，保守估计将拉动新增产值 60 亿元。

（3）IT 产业引进了华为科创中心、嘉诚信息等潜力较大项目，形成了以光电器件、光电显示等为重点的光电子产业集群，长城信创智能制造基地是东北首家自主安全笔记本电脑生产商。

（4）航空航天产业集聚了上下游企业 300 多家，龙头企业长光卫星是国内唯一一家集卫星研制、运营管理和信息服务的全产业链高新技术企业，并于 2020 年被评为东北首家、吉林省唯一的"独角兽"企业，目前"吉林一号"卫星在轨总数达到 25 颗。

（5）先进装备制造产业集聚了一汽奔腾、天合汽车等重点企业 130 余户，2020 年产值 430 亿元，形成了产业链较为完整的汽车整车及零部件生产基地。

战略意义：

（1）创新经济发展示范区。实施创新驱动发展战略，加快构建众创、众包、众扶、众筹等大众创业万众创新支撑平台，充分发挥国家技术转移东北中心功能，建设东北地区重要的科技创新中心，培育形成集科技研发、成果转化和生产于一体的科技创新集群，着力提高区域创新水平能力，以创新发展带动经济转型升级。

（2）新一轮东北振兴重要引擎。充分发挥新区比较优势，依托现有产业基础，重点实施"互联网+"协同制造，带动制造业转型升级，参与国际产能合作，提高国际市场竞争力；进一步优化产业结构，大力发展融合新一代信息网络技术的新兴产业，发展壮大现代服务业，打造辐射哈长城市群的经济增长极，促进吉林省经济平稳健康发展，带动东北老工业基地全面振兴。

（3）图们江区域合作开发重要平台。充分发挥新区在产业、科技、教育等方面资源优势，打造图们江区域合作开发的重要平台，提升内陆腹地支撑能力，促进长吉图一体化发展，形成内陆腹地与窗口（珲春）、前沿（延吉、龙井、图们）有机联结、功能协调、有效互动的空间布局，加强与东北亚各国的经贸合作，深化与俄罗斯远东地区的全方位合作。

（4）体制机制改革先行区。勇于先行先试，深化改革创新，推进行政管理、行政审批体制改革，激发区域发展活力，形成有利于大众创业万众创新的体制机制；加快户籍制度、土地流转、医疗卫生、养老等公共服务改革，推进城乡一体化发展；探索开发建设管理模式和涉外经济体制改革，积极推进投融资体制改革，为全省深化改革、扩大开放提供经验和示范。

发展目标：到 2030 年，新区综合实力实现新跨越，改革创新和开放合作取得丰硕成果，创新型现代产业体系日臻完善，腹地支撑能力显著增强，对外开发开放新格局基本形成，国际化绿色智慧新城区全面建成。打造航天商业产业集群强省。

十八、赣江新区

2016 年 6 月 6 日，国务院通过《国务院关于同意设立江西赣江新区的批复》，同意设立江西赣江新区。赣江新区成为中部地区第 2 个、全国第 18 个国家级新区。赣江新区位于南昌市北部的赣江之滨，包括隶属于南昌市青山湖区、新建区和九江市的共青城市、永修县的部分街道（乡、镇），主要范围为南昌经济技术开发区、南昌临空经济区（含桑海开发区）、永修县城、永修云山经济开发区、共青城市城区、共青城经济技术开发区。

南昌经济技术开发区位于南昌市北郊，靠近长三角、珠三角、闽东南三个经济圈，境内水、陆、空、铁现代综合立体交通全覆盖。南昌临空经济区位于梅岭之麓、赣江之滨。永修组团（永修县）地处南昌和九江之间，共青组团（共青城市）位于江西省北部，北倚世界著名的避暑胜地庐山，东邻中国第一大淡水湖鄱阳湖。

战略意义：

一是长江中游新型城镇化示范区。依托新区内的昌九产业走廊、滨湖生态廊道、昌九新型城镇带3条功能轴线，进一步促进城乡统筹、产城融合、宜居宜业，率先开展农业转移人口市民化、城市建设管理创新等改革探索，努力打造长江中游地区滨湖临江、宜居宜业的新城区。

二是中部地区先进制造业基地。坚持高端引领、创新驱动，围绕推动制造业高质量发展，高水平培育一批战略性新兴产业，推动制造业向信息化、集群化、绿色化、智能化方向发展，引领中部地区产业结构转型升级。

三是内陆地区重要开放高地。按照营造国际化、市场化、规范化营商环境的要求，推广自贸区改革试点经验，构建南昌综合保税区、空港物流枢纽等开放平台，积极融入"一带一路"、长江经济带、粤港澳大湾区等国家战略，努力打造内陆双向开放的重要门户。

四是美丽中国"江西样板"先行区。贯彻落实习近平总书记对江西提出的打造美丽中国"江西样板"的重要要求，建设全国生态文明先行示范区，统筹推进绿色城市、海绵城市、森林城市建设，率先建立生态文明建设考核评价体系，构建绿色产业体系，加快形成绿色发展方式和生活方式。

发展目标：赣江新区将紧紧围绕省第十五次党代会"打造大南昌都市圈发展新引擎和创新高地"的目标定位，以融合协作、创新驱动为主线，进一步吸引聚集高端经济要素，努力在改革创新、产业发展、开放提升、生态文明建设等方面走在全省前列，成为江西创新的引领区、开放的先行区、改革的试验区、合作的示范区、发展的重要增长极，为江西其他地区高质量跨越式发展提供可借鉴、可推广的"赣江经验"。

十九、河北雄安新区

2017 年 4 月 1 日，中共中央、国务院印发通知，决定设立国家级新区河北雄安新区。雄安新区位于河北省中部，地处北京、天津、保定腹地，东接廊坊市固安县、霸州市、文安县，西与保定市清苑区、徐水区接壤，南邻高阳县、任丘市，北与定兴县、高碑店市相连。雄安新区范围包括雄县、容城县、安新县三县及周边部分区域，雄县辖 8 镇、4 乡（雄州镇、昝岗镇、大营镇、龙湾镇、朱各庄镇、米家务镇、双堂乡、张岗乡、北沙口乡，托管 2 镇、1 乡）；安新县辖 9 镇、4 乡（安新镇、大王镇、三台镇、端村镇、赵北口镇、同口镇、刘李庄镇、安州镇、老河头镇、圈头乡、寨里乡、芦庄乡，包含托管 1 乡）；容城县辖 5 镇、3 乡（容城镇、小里镇、南张镇、大河镇、晾马台镇、八于乡、贾光乡、平王乡）。

主导产业：

（1）新一代信息技术产业。围绕建设数字城市，重点发展下一代通信网络、物联网、大数据、云计算、人工智能、工业互联网、网络安全等信息技术产业。近期依托 5G 率先大规模商用、IPv6 率先布局，培育带动相关产业快速发展。发展物联网产业，推进智能感知芯片、智能传感器和感知终端研发及产业化。搭建国家新一代人工智能开放创新平台，重点实现无人系统智能技术的突破，建设开放式智能网联车示范区，支撑无人系统应用和产业发展。打造国际领先的工业互联网网络基础设施和平台，形成国际先进的技术与产业体系。推动信息安全技术研发应用，发展规模化自主可控的网络空间安全产业。超前布局区块链、太赫兹、认知计算等技术研发及试验。

（2）现代生命科学和生物技术产业。率先发展脑科学、细胞治疗、基因工程、分子育种、组织工程等前沿技术，培育生物医药和高性能医疗器械产业，加强重大疾病新药创制。实施生物技术药物产业化示范工程、医疗器械创新发展工程、健康大数据与健康服务推广工程，建设世界一流的生物技术与生命科学创新示范中心、高端医疗和健康服务中心、生物产业基地。

（3）新材料产业。聚焦人工智能、宽带通信、新型显示、高端医疗、高效储能等产业发展对新材料的重大需求，在新型能源材料、高技术信息材料、生物医学材料、生物基材料等领域开展应用基础研究和产业化，突破产业化制备瓶颈，培育新区产业发展新增长点。

（4）高端现代服务业。接轨国际，发展金融服务、科创服务、商务服务、智慧物流、现代供应链、数字规划、数字创意、智慧教育、智慧医疗等现代服务业，促进制造业和服务业深度融合。集聚银行、证券、信托、保险、租赁等金融业态，依法合规推进金融创新，推广应用先进金融科技。围绕创新链构建服务链，发展创业孵化、技术转移转化、科技咨询、知识产权、检验检测认证等科技服务业，建设国家质量基础设施研究基地。发展设计、咨询、会展、电子商务等商务服务业，建设具有国际水准的总部商务基地。发展创意设计、高端影视等文化产业，打造国际文化交流重要基地。发展国际仲裁、律师事务所等法律服务业。

（5）绿色生态农业。建设国家农业科技创新中心，发展以生物育种为主体的现代生物科技农业，推动苗木、花卉的育种和栽培研发，建设现代农业设施园区。融入科技、人文等元素，发展创意农业、认养农业、观光农业、都市农业等新业态，建设三次产业融合发展示范区。

战略意义：设立雄安新区，是以习近平同志为核心的党中央深入推进京津冀协同发展作出的一项重大决策部署，是千年大计、国家大事。对于集中疏解北京非首都功能，探索人口经济密集地区优化开发新模式，调整优化京津冀城市布局和空间结构，培育创新驱动发展新引擎，具有重大现实意义和深远历史意义。

发展目标：

（1）建设绿色智慧新城，建成国际一流、绿色、现代、智慧城市。

（2）打造优美生态环境，构建蓝绿交织、清新明亮、水城共融的生态城市。

（3）发展高端高新产业，积极吸纳和集聚创新要素资源，培育新动能。

（4）提供优质公共服务，建设优质公共设施，创建城市管理新样板。

（5）构建快捷高效交通网，打造绿色交通体系。

（6）推进体制机制改革，发挥市场在资源配置中的决定性作用和更好发挥政府作用，激发市场活力。

（7）扩大全方位对外开放，打造扩大开放新高地和对外合作新平台。

第五章
我国国家级城市新区管理体制

第一节　我国国家级城市新区管理模式

一、我国国家级城市新区管理模式类型

我国国家级城市新区根据自身特点及发展阶段，经过不同发展时期，构建了各具特色的行政运行管理体制。行政管理体制主要有以下三种类型：

（一）政府体制模式

政府体制模式的最典型特征是国家级新区成立了建制政府，有完整的一级政府架构，政府下设相应的职能部门。现阶段，国家级新区中采用这种管理体制的有 2 个，分别是上海浦东新区、天津滨海新区。这 2 个新区的管理体制都经历了开发开放办公室–管委会–建制政府的发展历程。虽然新区已成立建制政府，但并不意味着其管理体制改革的终结。探索一条管理体制新路是其使命和任务。总体来看，政府体制模式具有如下特征：

第一，按照大部门体制改革要求动态优化政府机构设置。浦东新区和滨海新区在建设有机统一的大部门体制改革方面做出了大胆而富有成

效的创新，这在其特色性机构设置中有明晰的体现。具体表现在行政审批体制改革、市场监管体制改革、知识产权行政管理和执法体制改革、城市管理体制改革等方面。按照大部门体制改革思路对相似职能进行整合，提升了管理效率和效能，为企业和市民提供了更便捷高效的服务，值得其他地方借鉴。

第二，以简政放权为管理体制改革的突破口，深化行政审批体制机制改革。上海浦东新区和天津滨海新区将行政审批体制改革作为行政体制改革的抓手，不断改革创新，设立独立机构集中管理审批事务，精简审批事项，再造审批流程，取得了显著成效。一是设置专门的行政审批机构。上海浦东新区和天津滨海新区均设立了直属新区政府的工作部门，对行政审批事项进行统一管理。上海浦东新区成立了浦东新区市民中心（浦东新区投资促进服务办公室），天津滨海新区则成立了行政审批局。滨海新区行政审批局将滨海新区发展改革委、经济信息委、商务委、建设交通局等18个部门的216项审批职责，全部划转到行政审批局，实现"一颗印章管审批"。二是精简审批事项，下放审批管理权限。三是优化行政审批服务，提高行政审批服务效能。

第三，优化新区、功能区和街镇关系，探索扁平化的管理体制。上海浦东新区和天津滨海新区以扁平化为管理体制改革的方向，不断强化基层建设，扩大基层的管理权限，探索社会自治新模式。一是探索新区与功能区的新型关系，二是深化街道体制改革和基层体制改革，三是理顺开发区管委会与街镇的关系。

总之，政府投资模式的基本特征是政府在开发建设中充当"主角"、企业充当"配角"；其优点集中体现在容易实现政府的规划意图和能形成较大的规模、更多地考虑社会发展因素等方面；其缺点则体现在可能会导致新城开发的供给与需求失衡造成社会资源的浪费、给政府造成沉重的财政负担等方面。

（二）管委会体制模式

现阶段，采用管委会体制模式的国家级新区包括重庆两江新区、甘肃兰州新区、陕西西咸新区、贵州贵安新区、四川天府新区、湖南湘江新区、南京江北新区、江西赣江新区。管委会体制模式一般具有如下特征：

第一，新区一般设立党工委、管委会，分别是上一级党委、政府的派出机构，主要负责新区经济发展和开发建设的统一规划、统筹协调和组织实施。需要说明的是，四川天府新区未设立党工委，只有管委会，是四川省政府的派出机构。与其他新区管委会不同的是，四川天府新区管委会只是四川天府新区的议事协调机构，下设管委会办公室，办公室主任由四川省副省长兼任，主要负责新区规划管理、重大产业布局、重大项目推进和招商引资工作，与其他新区管委会的职能类似。

第二，新区党工委、管委会内设机构相对较少，除综合管理部门外，一般会设置涉及发展战略、经济运行、建设管理、土地规划、财政金融服务等机构。总体来看，新区的机构设置与新区的主要任务是密切关联的，现阶段，多数新区的主要任务是开发建设，因而设置的内设机构更偏重于经济发展功能，只有少数几个新区设置了与社会事务管理相关的部门，如甘肃兰州新区、贵州贵安新区。

第三，深化行政审批体制机制改革，成立政务服务中心，集中办理审批事项，优化行政审批服务。政务中心一般采取四大运行方式：一是一站式审批服务，实行"集中办公、窗口受理、一口对外、承诺服务、限时办结、统一收费"的服务办事制度；二是开展并联审批，即一个窗口统一受理、统一发照；三是建立电子监察系统和监标系统，为审批工作的考核提供依据；四是建立网上审批平台。

第四，借鉴浦东新区、滨海新区改革经验，推进大部门体制改革。重庆两江新区针对市场监管体制存在的问题，将工商管理、质量技术监督管理和食品药品监督管理部门的职能进行整合，成立重庆两江新区市场和质量监督管理局。甘肃兰州新区推动组建大综合执法局，集中执行城市管理、规划、国土等七大领域 1791 项行政处罚权。南京江北新区成立规划国土环保局，实现规划、国土、环保合署办公，有利于统筹推进"多规合一"、综合执法。从各新区设立的其他机构也可看出，新区一般同时承担着多种职能。

第五，优化新区与功能区的关系。管委会体制模式的国家级新区与功能区关系较为复杂。以重庆两江新区为例，重庆两江新区党工委、管委会受重庆市委、市政府委托，代管北部新区党工委、管委会和两路寸滩保税港区管委会，直管区内两江工业开发区管理机构。两江新区内各区人民政府、经济功能区管理机构根据各自职责，负责各自辖区的行政管理和社会事务工作，接受两江新区党工委、管委会对经济建设和开发开放工作的指导、协调。2016 年 2 月，重庆市委、市政府出台《关于调整优化两江新区管理体制的决定》，撤销北部新区党工委、管委会，其职能职责分别划归重庆两江新区党工委、管委会。

总之，管委会体制模式基本特征是以私人开发为主体，政府提供政策倾斜，企业唱"主角"，政府当"配角"；其优点主要为降低了政府的开发成本、提高了社会资本的参与度等；其缺点主要为政府的规划意图得不到有效实现、容易导致城市空间的无序发展和城市革命的不确定性、开发目标过于短期化和盈利化、开发规模一般较小等。

（三）政府与管委会体制并行模式

现阶段，采用政府与管委会体制并行模式的新区包括：浙江舟山群岛新区、青岛西海岸新区、大连金普新区、云南滇中新区。管理体制采用这种模式的新区与其所辖范围有着密切的关系，一般是因为新区范围与某个行政区范围一致。当然，也有出于发展需要，如云南滇中新区，为理顺昆明市与滇中新区的关系，采用了"市区融合发展"的思路。总体来看，这种体制模式具有如下特征：

第一，新区管委会与某级行政区政府并存，两个机构在领导任职上多有交叉。如浙江舟山群岛新区管委会与舟山市政府并存，舟山群岛新区党工委、管委会分别为浙江省委、省政府的派出机构，与舟山市委、市政府实行"两块牌子、一套班子"，在浙江省委、省政府的领导下，负责舟山群岛新区的开发、建设和管理工作。舟山群岛新区与舟山市政府领导间实行交叉任职。青岛西海岸新区管委会与青岛市黄岛区政府实行"一套机构、两块牌子"，黄岛区委书记兼任西海岸新区工委书记，黄岛区区长兼任青岛西海岸新区管委会主任。大连金普新区党工委、管委会分别为大连市委、市政府的派出机构，分别与金州区委、区政府合署办公。金普新区纪工委（金州区纪委）受大连市纪委和金普新区党工委双重领导。金普新区党工委、管委会工作部门及派出机构和群团机关也是金州区委、区政府工作部门及派出机构和群团机关。这种体制可以更好地发挥统筹协调功能，减少机构间利益冲突引致的种种弊端。

第二，新区与行政区内设部门合署办公现象普遍。例如，浙江舟山群岛新区党工委、管委会办公室与舟山市委办公室、市政府办公室合署办公，实行"三块牌子、一套班子"；将舟山市委政策研究室的职责、市政府办公室的政策研究（经济研究）职责整合，组建浙江舟山群岛新区政策研究室；将舟山市委办公室、市政府办公室的督查职责整合，组建浙江舟山群岛新区督查考核办公室，由浙江舟山群岛新区办公室管理。再如，将舟山市口岸海防管理和打击走私办公室调整为浙江舟山群岛新区口岸与海防管理办公室，归浙江舟山群岛新区办公室管理。青岛西海岸新区党委会办公室与黄岛区政府办公室合署办公。《关于云南滇中新区管理运行机制有关事项的批复》决定，昆明市国土局、环保局、林业局、水务局、工商局、质监局加挂云南滇中新区相应机构牌子，履行相关职能。

第三，新区与功能区关系较为复杂，部分新区与功能区管理体制理顺面临难题。如青岛西海岸新区内有不同层次的功能区，这些功能区多设置了管委会。既有区政府的派出机构青岛西海岸国际旅游度假区管委会、青岛（胶南）新技术产业开发试验区管委会，又有青岛市政府的派出机构，如青岛经济技术开发区管委会、青岛前湾保税港区管委会、青岛董家口经济区管委会、青岛中德生态园管委会。青岛西海岸国际旅游度假区管委会、青岛（胶南）新技术产业开发试验区管委会接受黄岛区政府的领导，体制相对较顺，而青岛经济技术开发区作为国家级开发区，青岛前湾保税港区作为国家级保税港区，青岛中德生态园作为中德两国政府间战略合作园区，其体制与青岛西海岸新区如何对接面临挑战。大连金普新区与辖区内功能区的关系亦十分复杂。大连金普新区、金州新区、普湾新区、金州区、普兰店市、大连经济技术开发区等的关系错综复杂，领导多有交叉，对新区的管理和运行难免会带来诸多掣肘。

第四，深化行政审批制度改革，探索大部门体制。在行政审批制度改革方面，浙江舟山群岛新区实施企业投资项目"零审批""零收费"制度改革，变先批后建为先建后验。按照"先设标准、告知承诺、监管指导、集中验收"的方式，深化投资审批体制改革。深化行政审批"两集中两到位"，建设完善网上审批系统和电子监察系统。创新基层公共服务体制机制，全面推动便民服务事项进社区。推进中介服务市场开放，健全审批中介服务机构名录库和评议制。青岛西海岸新区在全国率先取消了社会投资类项目前置审批，并编制下发了社会投资类项目"负面清单""限批清单"和政府"权力清单"，实现"三证合一"商事登记制度改革。在探索大部门体制改革方面，云南滇中新区设置行政审批局；青岛西海岸新区组建综合行政执法局，探索"六合一"综合行政执法改革，将原城管、国土、海监、交通、文化、环保六个部门的执法队伍，从人、财、物上整体划转至新组建的综合行政执法局，集中行使六大领域 2443 项执法权。

总之，政府与管委会体制并行模式的基本特征是政府拥有全部或部分股权，由法人团体以商业形式经营，自负盈亏，是目前最佳的管理模式；其优点主要表现为可以避免无序竞争、可以充分发挥企业的自主经营能力，有利于新城有序开发、可以比较充分地体现政府规划意图等。

二、我国国家级城市新区管理模式比较

（一）管理模式的相同点

（1）各管理体制都离不开政府。可以说，任何一种管理体制都是在政府的指导、重视下形成的，因此政府的作用不可忽视。虽然在实施过程中，政府介入各类管理体制的程度有深有浅，但开发区的建设，包括管理体制自身建设从来就没有离开过政府的指导。

（2）各管理体制运作都需要一个强有力的具体实施机构，这一机构是开发区建设的重要实施者，开发区的规划、建设、项目招标、管理等都需要它作出决策，只是具体实施者因管理体制模式不同而有所差异而已。

（3）各管理体制所承担的使命基本相同。建设开发区的目的，一方面是通过招商引资，引进技术，扩大外向型经济，增加出口创汇能力；另一方面是进行体制创新，探索出一条不同于传统经济体制、政治体制的新路。

（二）管理模式比较

1. 设立历程比较

（1）设立初期都经历了管委会模式。比如在建设初期，"发展开放"就是浦东新区的发展主题，提出立足于提升开放水平，扩大对外招商的规模和水平。基于此，浦东新区采用"政企合一"的管理模式，即以四大开发公司为主体，推动开发区的发展和运作。浦东新区党工委、管委会成立于1993年，以经济、效益为中心，统一管理新区内几个功能区域。舟山群岛新区设立之初实行管委会与政府平行管理体制机制，也被称作"两块牌子、一套班子"。此后，由于舟山群岛新区范围和舟山市的行政区域完全一致，因此由浙江省委、省政府主导，设立舟山群岛新区党工委、管委会，职务由舟山市委、市政府主要领导兼任。两江新区成立新区党工委和管委会，管委会之上设立"两江新区开发建设领导小组"，由重庆市领导兼任职务，强化在宏观层面对新区建设的协调。

（2）管理目标、路径不同，并体现自身的阶段性和特殊性。国家级新区管理体制的变迁，大多是自下而上的内生诱致性制度变迁与自上而下的外生强制性制度变迁共同作用下产生的结果。前期以自上而下为主，到后期逐渐以自下而上形式发展起来，最后由两者协力推动管理模式改革创新。由于各个新区的自然资源、战略定位、历史文化、经济发展等要素都存在较多差异，因此每个国家级新区在构建适合各自发展的新体制的过程中，都需结合其自身的特殊性。例如，浦东新区紧紧围绕建立社会主义市场经济体制机制这一目标展开体制机制改革，为推进浦东开发建设，以及实现经济社会全面发展提供重要的体制机制保障，不断加深对新区行政服务的改进，同时为提高行政效率提供了稳固的制度保障。

2. 政府的作用程度比较

三种管理体制的名称体现出其差异，按政府在实施中的作用由大到小排列，"政府主导型"管理体制中政府的作用最大，其次为混合型管理体制，最后为企业型管理体制。当然，即使在"政府主导型"管理体制中，由于存在"政府直管型""政府授权型"管理体制，使得政府在具体操作层面上，其功能也存在较大差异：前者直接是政府的开发活动，是政府各职能部门工作在开发区的延伸，虽设有开发区管委会，但它仅起协调、监督作用，并无实质性的权力；后者则是由政府的派出机构——开发区管委会直接行使在开发区的规划、建设、招标等职能，管委会具有实质权力。而在企业主导型管理体制中，政府的作用不在于开发区经济事务，而在于行政、社会性事务。而在政企混合型管理体制中，政府的作用则由于政企合一或政企分离而不同。

3. 开发实施的主体比较

"政府直管型"管理体制中，政府各职能部门是开发责任主体。在"政府授权型"管理体制中，实施的主体是开发区管委会。在"企业主导型"管理体制中，实施开发职能的是开发机构经济法人。在"混合型"管理体制中，管委会、开发公司都起作用，只是存在着二者对经济管理和行政事务管理的分与合的不同管理而已。也就是说，当开发区的发展已度过最初的招商引资、片面发展经济的初步阶段后，随人口、业务的增加和范围、影响的扩大，行政管理、社会事务管理应运而生，需要相关主体的参与，而不同管理体制中实施主体不同。

4.管理体制运行机制比较

开发区的建设效率绝不能否定政府的作用，也绝不能认为只要政府参与就降低了效率。在建设效率上，尤其在开发区建设初期，政府各职能部门的参与事实上为开发区的快速建设、稳健发展起到了重大促进作用。因为各职能部门的重视，为开发区最初的建设提供了起飞的动力资金的注入，硬件的建设，甚至法规的颁布都有效助推开发区的建设。但当开发区建设步入运行轨道后，这种结构必然由于老城区政治体制的局限而阻碍效率的提升，也不利于体制的创新。与此相反，在"企业主导型"管理体制中，从其发展轨迹看，由于一开始就按照市场机制的要求，发挥其"看不见的手"的作用，人员、机构精简，有利于提升效率。但当开发区建设达到一定规模，相应地，行政管理、社会管理事务就不是一个企业力所能及的事情，也不利于效率的提升。

5.开发建设的许可条件比较

在开发区建设中，公司成功运作的前提是开发区一般离老城区较近，开发面积不大，甚至就是老城区内的一块"飞地"。在这样的范围内各种公共基础设施齐全，如各开发区投资商普遍要求的"七通一平"（给水、排水、供电、道路、通信、燃气、供热要通，投资建厂的土地要平整）借助原城区设施就可基本满足。上海漕河泾开发区就是在上述条件下，在几平方千米的范围内由开发公司经济法人展开的。与此相反，有的开发区上百平方千米，远离老城区，如青岛开发区建在与青岛隔海相望的黄岛区。在这种条件下由开发公司独立开发是不现实的，因为它不可能完全承担硬件建设的额外费用，也不可能由其完成如此大范围内的行政与社会管理事务。由此看来，某种管理体制类型在某地的成功并不等于离开这种条件也会同样取得成功，亦即开发区运行的外部条件成为影响各地选择管理体制模式的重要因素。

第二节　我国国家级城市新区体制机制创新建设

一、我国国家级新区体制机制创新建设工作要点

为落实国家"十三五"规划纲要关于鼓励国家级新区体制机制和管理模式创新的部署，促进国家级新区在深化改革创新和推动产业转型升级等方面深化探索，进一步提升发展质量和效益，多积累可复制、可推广的经验，切实发挥辐射带动作用，国家发展和改革委员会印发《2017年国家级新区体制机制创新工作要点》明确了18个国家级城市新区体制机制创新基本方向。

（一）上海浦东新区

以制度创新为抓手，推进各类功能平台融合联动、协同互促，力争在深化自由贸易试验区改革创新、推进科技创新中心建设和推进社会治理创新上有新作为，持续在构建高标准开放型经济新体制上发挥引领示范作用。

（1）全面推进自由贸易试验区建设，深化投资领域创新与商事制度改革，完善便利化最优的贸易监管制度创新，创新社会治理模式，稳健推动金融开放创新试点，提升金融中心建设水平。

（2）进一步聚焦科创中心核心功能区建设，推动张江从科技园区向科学城转型，全面提升张江园区形态与功能。进一步优化科技创新综合环境，持续深化科技管理制度创新，完善科技综合服务体系。

（3）加强综合配套改革试验区、自由贸易试验区、科技创新中心、国

家人才改革试验区建设等融合联动，探索重点改革事项、重大平台建设统筹协同、互促共进的有效方式。

（二）天津滨海新区

着力在深化"放管服"改革、培育壮大新动能、扩大双向开放等方面先行先试、率先突破，全面提升开发开放水平和能级，进一步发挥在京津冀协同发展中的示范带动作用。

（1）建设电子市民中心，探索构建新型"互联网+政务服务"体系、电子证照等政务数据跨部门共享机制和智能监管体系，努力打造全面深化"放管服"改革的新平台。

（2）加快建设天津滨海–中关村科技园和"双创"示范基地，全力推进京津冀全面创新改革试验区建设探索，率先形成个性化定制、服务型制造等新模式。

（3）深化自由贸易试验区制度创新，探索与天津港联动的"区港绿色通道"，创新港产城融合发展方式，深入开展开放型经济新体制建设创新探索，提升承接国际产业梯度转移能力。

（三）重庆两江新区

以深化内陆开放领域体制机制创新为重点，以战略性新兴产业为抓手，探索开放型经济运行管理新模式，推动建立质量效益导向型外贸发展新格局，进一步发挥在"一带一路"建设和长江经济带发展方面的引领作用。

（1）创新"产业链＋价值链＋物流链＋信息链＋资金链"的内陆加工贸易发展方式，探索构建开放型产业新体系，打造内陆战略性新兴产业集聚区。

（2）探索科技创新服务新机制，发挥创新创业和"互联网+"集智汇力的乘数效应，建设有特色、高水平的国家双创示范基地。

（3）健全外商投资管理制度，探索促进国际投资合作新方式，完善境外投资活动真实性核查制度，创新专业化、精准化、集群化招商模式和共同出资、共同受益的资本运作模式。

（四）浙江舟山群岛新区

依托舟山港综合保税区和舟山江海联运服务中心建设，开展自由贸易港区建设探索，推动建立与国际接轨的通行制度。

（1）以宁波–舟山港为依托，大力推进舟山江海联运服务中心建设，加快江海直达船舶研究应用和江海联运公共信息平台建设，深化港口一体化发展创新，提升大宗商品储备加工交易能力。

（2）创新外商投资便利化管理和促进机制，完善自由贸易背景下贸易服务体系，在符合相关政策前提下，开展全业态船舶供应服务探索，促进服务贸易市场拓展、品牌培育和产业发展。

（五）兰州新区

探索促进产业集聚和科技创新的新机制，打造务实高效的政务服务环境，充分激发社会投资动力和活力。

（1）依托兰白科技创新改革试验区建设，深化人才引进与知识产权保护机制创新，加快创新要素集聚，完善"创业苗圃+孵化器+加速器+产业园"的孵化链条，培育提升发展动能。

（2）优化开发建设秩序，聚焦核心功能区建设，集约节约利用土地，分区分步滚动开发，提高产业集聚度，严格管控审批新的房地产项目，着力推进房地产去库存。

（六）广州南沙新区

深化粤港澳深度合作探索，推动建设粤港澳专业服务集聚区、港澳科技成果产业化平台和人才合作示范区，引领区域开放合作模式创新与发展动能转换。

（1）创新与港澳在资讯科技、专业服务、金融及金融后台服务、科技研发及成果转化等领域合作方式，推进服务业执业资格互认，吸引专业人才落户。

（2）完善"智慧通关"体系，推动建设全领域、全流程"线上海关",构建国际国内资源双向流动的投资促进服务平台。探索建立法院主导、社会参与、多方并举、法制保障的国际化、专业化、社会化多元纠纷解决平台,优化法治环境。

(七)陕西西咸新区

深化城市发展方式创新和特色化产业发展路径探索,进一步发挥国家创新城市发展方式试验区的综合功能和在"一带一路"建设中的重要作用。

(1)探索凸显文化特色、注重绿色集成创新、保障群众利益的城市发展方式,创新优美小镇建设模式。

(2)深化中俄丝路创新园建设探索,推动与广州南沙新区等共建产业合作基地、创新型孵化器等举措实施,在跨国、跨区域园区共建和产业孵化引领产业发展方面积累新经验。

(八)贵州贵安新区

依托大数据产业发展集聚区、南方数据中心示范基地和绿色数据中心建设,探索以数字经济助推产业转型升级,促进新旧动能顺畅接续的供给侧结构性改革路径。

(1)创新政府服务模式,探索"人才+项目+团队""人才+基地"等人才培养新模式,大力打造集储存、挖掘、分析、清洗、展示、应用、数据产品评估和交易等为一体的大数据核心产业链条。

(2)构建"研发+孵化+制造+融合+平台+应用"科技创新模式,形成闭合的产业生态圈,催生新产业新业态,推进"大数据+大开放",创新开放合作形式。

(九)青岛西海岸新区

深入推进青岛(古镇口)军民融合创新示范区和青岛蓝谷海洋经济发展示范区建设探索,持续深化军民融合体制机制和海洋科技发展创新。

(1)完善军民融合发展体制机制与政策举措,以"融"为核心,开展军民协同创新,探索构建集产业、科技、人才、保障为一体的军民综合创新体系，聚焦关键要素，挖掘培育军事文化特色。

（2）推进面向深海、深地、深空、深蓝的科技创新中心建设，探索科技企业阶梯培育机制，完善科技创新券机制，开展中德生态园知识产权保险试点，加快全要素孵化加速的众创平台建设。

（十）大连金普新区

进一步创新管理体制，探索以科技创新和双向开放促进产业转型升级的有效途径，加快形成创新发展的内在动力。

（1）深化市场配置资源、经济运行管理、面向东北亚开放合作等方面的制度创新，加快大连东北亚航运中心建设探索，启动保税区管理体制改革，健全与新区发展相适应的管理体制和运行机制。

（2）推进沈大国家自主创新示范区高端装备、集成电路、通用航空等产业创新基地和专业技术研发、创新创业服务等创新平台建设探索，力争在园区协同开放、招商引资机制创新等方面有所突破。

（十一）四川天府新区

突出"全面加速、提升发展"两大重点，加快全面创新改革，全力破解体制机制难题，进一步提升产业和区域整体竞争力。

（1）纵深推进全面创新改革试验，在产学研协调创新等关键环节和重点领域实现率先突破，围绕增强产业发展核心竞争力，创新推动产业动能转换再提速方式。

（2）健全协同管理体制，开展立法探索，构建有效统筹成都片区和眉山片区间、成都片区各区域间关系的管理运营方式，破解管理体制碎片化难题，提升区域融合发展水平。

（十二）湖南湘江新区

深化要素市场创新，持续推进生态文明建设体制机制改革探索，在推进绿色集约高效发展与产城融合、城乡一体化发展等方面有所突破。

（1）深化土地集约节约利用、投资方式及科技成果孵化转化机制创新探索，加强金融创新，丰富金融业态，推动形成高效规范的资源要素市场化配置方式。

（2）完善多元化生态补偿机制，建设生态技术指标体系，开展绿色市政建设与循环化发展探索，依托水环境综合治理试点，建立特色化流域保护、管理执法机制，积极参加全国碳交易市场建设。

（十三）南京江北新区

以科技创新培育发展新动能，以新技术助推行政管理体制改革，努力打造优良创新环境，积极发挥辐射带动作用。

（1）进一步理顺管理体制和运行机制，探索以法定机构形式建设运营江北新区大数据管理中心，运用大数据促进政府管理方式创新。

（2）开展专利、商标、版权"三合一"知识产权综合管理体制改革试点，推进科技创新资源集聚区建设，发挥江北高校联盟作用，创新科技成果转化方式，促进众创空间、创客联盟、创业学院发展。

（十四）福州新区

积极对接国家"一带一路"建设，建立健全特色化综合服务平台，推进各类功能区深度融合。

（1）研究推进海洋产权交易中心和海域使用二级市场建设探索，为海洋产权交易积累有益经验。依托中国–东盟海交所等，提升海产品跨境结算平台功能。

（2）持续推进新区与平潭综合实验区、自由贸易试验区福州片区融合发展探索，建立健全两地共建共享机制。

（十五）云南滇中新区

围绕建设面向南亚东南亚辐射中心的重要支点战略定位，进一步理顺管理体制，健全要素保障机制，夯实开发开放基础。

（1）聚焦解决新区与昆明市之间人流、物流、资金流、信息流一体化问题，进一步推进市区融合发展体制机制创新，推动形成以市带区、重点保障、市区一体的融合协同发展格局。

（2）探索推动构建沿边开放新高地的体制机制，加快构建企业自主决策、融资渠道畅通、职能转变到位、政府行为规范、法治保障健全的新型投融资体制，创新优化发展环境。

（十六）哈尔滨新区

以优化发展环境为载体，以招商引资、产业集聚、对俄合作为重点，探索促进老工业基地转型发展新路径。

（1）探索建立精简高效的管理体制和运行机制，继续推进扁平化管理体制和大部门制优化调整，促进管理职能下沉，开展功能区运营模式改革，选择基础条件较好的功能区开展市场化运营试点。

（2）探索产业转型升级有效途径，创新市场化招商方式，围绕新区重点产业的垂直供需链和横向协作链开展"精准"招商，依托中俄博览会、国际交通走廊建设等，深化对俄全方位合作，推动贸易结构优化升级。

（十七）长春新区

构建科技创新平台，培育经济新动能，探索深化面向图们江区域合作开发新路径。

（1）加快长东北科技创新中心、北湖科技园等创新平台建设，积极打造创新创业平台，提高科技成果本地转化率，深化人才改革试验区建设探索，创新人才培养和引进模式。

（2）以东北亚国际陆港和空港经济开发区建设为载体，完善口岸服务功能，促进物流、健康养老等特色化产业集聚，探索提升参与图们江区域合作开发水平新路径。

（十八）江西赣江新区

围绕完善管理体制机制、创新发展平台、促进产城融合发展等方面进行探索，在促进中部地区崛起方面发挥积极作用。

（1）按照基础设施优先、环境优先、公共配套优先、产业优先原则，谋划推进空间形态有特色、功能内涵有内容的生态健康城建设，开展产城融合发展改革探索。

（2）依托共青城，建设科技创新及成果转化的示范区，多举措探索创新创业新方式，打造"双创"平台。

二、我国国家级新区体制机制创新建设案例

(一) 天津滨海新区——行政管理体制创新

滨海新区作为北方最早的国家级新区，对京津冀区域发展起到了一定程度的带动作用，是中国经济发展的第三极。滨海新区在管理体制机制改革方面的经验对同处于京津冀区域的雄安新区具有重大借鉴意义，甚至在某些方面有不同程度的可复制性。

1. 健全滨海新区法规体系，建立依法办事的保障约束机制

一是加强滨海新区的法制建设，规范和引导滨海新区工作，使滨海新区的发展建立在法律规范的基础上，避免和防止开发建设中的随意性。如在实际工作中修改完善《天津滨海新区条例》，使滨海新区的发展建立在国家法律规范的基础上，用法律的形式来调整经济区与行政区的事权和利益，优化滨海新区的法治环境，促进市场经济有序发展，适应经济的发展要求。同时还要研究制定《滨海新区规划管理与实施办法》《滨海新区统一执法规定》等规章制度，贯彻《行政许可法》的有关规定，通过立法工作，将以往实践中已被证明是成功的做法和政策法规化，以指导今后的工作。在此基础上全面推进滨海新区的依法行政，重点是进一步建立健全行政问责制，加大监督检查的力度，规范行政行为；加大改革力度，实行企业前置审批告知承诺制度，在新区实行统一的城市规划建设、土地管理、环境保护综合执法试点等。需要指出的是，滨海新区的政策优势无论过去、现在还是将来，都是其优越性的重要体现，尽管今后滨海新区要立足于变政策优势为体制优势，但在相当长一段时期内，仍然需要保持一定的政策优势，以克服当前因"政策、体制多变"所导致的政策失效和政策、体制紊乱的状况。

二是明确滨海新区管委会的法律地位，加强新区管委会的组织领导职能，形成办事高效的管理体制。从法律上明确滨海新区的管理体制、

管理职能和运行机制，是保障管理体制的科学性、规范性和相对稳定性的重要条件，也是从根本上改善滨海新区的投资环境、获得投资者信赖的关键。《天津滨海新区综合配套改革试验总体方案》初步提出了"一个加强"的思路，就是加强滨海新区管委会在统筹发展规划、基础设施建设、产业布局等方面的组织领导职能。作为市政府的派出机构，滨海新区是以管委会的建制出现的，其在新区的规划、管理和协调等方面缺乏权威性，行政效率受到相当影响。所以，加强滨海新区管委会的组织领导与统筹职能是必要的，在实际改革过程中我们应不断强化新区管委会在制定发展规划、协调重大问题等方面的组织领导职能，维护规划的权威性，调动各方面的积极性，探索建立市政府各部门与滨海新区条块互补、职能整合的工作机制。

2. 统筹规划、协调一致，建立行政区和功能区的联动机制

《天津滨海新区综合配套改革试验总体方案》提出"两个延伸"的思路，即促进经济功能区开发建设功能向行政区延伸，加强行政区政府对辖区内经济功能区的社会管理与公共服务职能的延伸。滨海新区是几个区域的简单联合，并非一个系统整合的有机整体，其内部的功能区、行政区、港区等各有自己的管理机构和管理体制，这种复杂体制面临着管理主体之间职能交叉与冲突的现实，如何有效协调各管理主体的职能延伸与科学定位无疑是改革的难点之一。在改革的过程中，我们应完善并提高行政区的社会管理职能和公共服务能力，延伸功能区的开发建设功能，建立行政区和功能区的联动机制。

一是在行政区政府与经济功能区管理机构之间要彻底破除"平均分权"意识，树立"平行分权"观念。在行政区政府与经济功能区管理机构之间平行配置社会公共职能与经济管理职能，这种平行配置并不是机械的分割，而是充分考虑平行间的分割剩余及有机联系。

二是建立经济功能区与行政区之间的"需求供应机制"，以经济功能区的经济开发建设需求为先导，以行政区的公共产品供应为配套，强化

两者之间的有机联系。

三是打破行政区概念，突破行政区划界限，通过深化行政区行政体制改革，进一步破除行政区的"地域属性"限制，强化各行政区政府的社会管理与公共服务职能，支持功能区的开发建设。推进行政区向与经济功能区相配套的"社会公共服务功能区"转化，逐步建立统一的社会管理体系，延伸功能区的开发建设功能。从而完善"主体功能区"的功能格局构架。

3. 加强滨海新区行政管理改革的相关配套制度

在行政管理体制机制方面，滨海新区 1994 年成立领导小组及办公室，负责新区开发建设。2000 年成立管委会和党工委，承担经济管理职责。2009 年正式成立新区人民政府，行使经济和社会管理功能，现已撤销"塘汉大"三个行政区，实现了 12 个功能区和街镇的整合，减少了管理层级。现有成效主要表现为：在机构设置上秉承大部制改革，体现精简、统一、效能原则，同时实现了经济职能与社会管理职能相对分开的管理模式，不断探索一级政府分类服务的管理体制，明确新区政府与城区、功能区、街道的关系，增强政府自主权，下放权力，推行行政审批权限的下放和扩大，提升管理的效率和效能。

一是营造良好的改革环境。良好的改革环境是滨海新区大发展的基石和生命，未来的竞争主要是改革环境的竞争，滨海新区要坚持"环境是生命，创新是灵魂"的理念，以建设最佳试验区为目标，把优化改革环境作为永恒的主题，才能在未来的竞争中求得更大的发展。滨海新区的发展，离不开上上下下、方方面面的大力支持，外部环境改善对于滨海新区体制创新具有重要意义。因而，天津市政府须着眼未来，审时度势，加大对滨海新区的扶持和保护力度，协调和理顺关系，使滨海新区真正成为改革开发的试验区。

二是建立科学高效的用人体制，建设高素质的行政管理队伍。高新技术产业的竞争，归根结底是人才的竞争，滨海新区要牢固树立"人才是第一资源"的思想，继续大力实施"人才强区"发展战略，营造"尊重知识，尊重人才，尊重劳动，尊重创造"的良好氛围。

（1）进一步完善滨海新区吸引人才的优惠政策，优化人才发展环境。如积极宣传滨海新区良好的工作、生活环境，吸引更多人才，特别高层次科技人才到滨海新区创业，保障人才供应。

（2）充分发挥滨海新区的优势，为企业提供多方面服务。如充分利用各地的行业协会和企业家协会，大力加强基础性人才和企业家的培养和培训工作，组织企业家出国培训、参观、考察等，使企业家的观念和素质得以更新和提升。

（3）做好人事、分配制度改革，创造人尽其才和优秀人才脱颖而出的体制环境。如解决好用人导向问题，把清正廉洁的人放到重要岗位上。通过优化人才环境，从根本上形成技术创新的人才机制，使滨海新区人才招得来、用得好、留得住。

此外，加强滨海新区行政管理配套改革，还应从建立有效的公共财政体制、建立有利于发挥新区整体优势和共同发展的体制、机制，行政区政府还要实行政企、政资、政事、政府与社会中介组织分开、健全科学决策程序、增强政府工作透明度等多方面加大改革。通过做好各项外部和内部环境配套改革，加快滨海新区行政管理体制改革的顺利进行。

（二）重庆江北新区——社会治理机制创新

党的十八大以来，国家级新区建设驶入快车道，国家级新区社会治理也日新月异，一批后发设立的新区在社会治理领域积极作为，取得较为显著的成效，其中就包括全国第13个国家级新区——南京江北新区。

江北新区的社会治理具有典型性和代表性。该新区位于南京市长江以北，地理位置优越，战略意义重大。江北新区的发展定位是"逐步建设成为自主创新先导区、新型城镇化示范区、长三角地区现代产业集聚区、长江经济带对外开放合作重要平台"。该定位超越经济提升的单一目标，包含区域发展、制度创新等多维度的目标要求。在这多重维度的目标体系中，社会治理创新是不可或缺的内涵式要素，对产业发展、自主创新、新型城镇化、治理现代化等均有明确的推动作用。因此，江北新区既有后发优势，又有规划潜力，具备研究国家级新区社会治理创新的代表意义和样本价值。从实践样态来讲，当前江北新区在经济社会发展、行政生态环境、体制机制构建、社会治理需求等方面具有以下特征，为新区社会治理创新提供了可行性、必要性和可能性。

（1）江北新区已基本理顺行政机制、完成空间重组，形成了边界清晰、权限明确的行政生态环境。一般来说，新区创建伊始，在多方、空间、实体的整合过程中，各部门、各体系、各层级间的权力博弈可能形成治理权限重叠或冲突，并进而导致"划界自治""消极合作"等窘境。经过一段时期的磨合调适后，当前江北新区立足于自身区位特点、资源禀赋、治理能力等要素特征，已通过明确的制度规划实现内部权力的有效调整、达到空间边界的平稳重组。2017年南京市委、市政府《关于进一步完善江北新区管理体制的意见》将新区空间架构划分为直管区、共建区与协调区，南京市人大常委会《关于南京江北新区行政管理事项的决定》对新区社会治理创新进行充分赋权。新区管委会在直管区内负责经济管理、城市建设管理、社会事务和社会管理，行使省、市依法赋予的和区级的行政管理权限。共建区的建设管理以浦口区、六合区为主，管委会依法行使市级规划、国土、环保审批管理权限和负责重大项目、重大政策的协调实施。除直管区、共建区外的其他区域为协调区，管委会着眼新区发展目标定位、整体功能的发挥、区域经济社会协调发展和长远发展，加强对相关重大事项的沟通、协调。新区直管区社会治理权限的赋予，从根源上杜绝了新区管委会与浦口、六合两个行政区政府之间、行政区与功能区之间可能因争权诿过而导致的治理成本虚耗及治理视野盲区等问题，为新区社会治理创新提供制度依据与法治保障。新区直管区拥有相对健全的产业结构、良好的生态环境、优异的文化资源以及完备的公共服务体系，可以说具有新区内最为优越的资源禀赋，较易在社会治理创新方面形成治理合力。

（2）江北新区的发展定位、基本区情为社会治理创新提供了明确的需求和充分的动力。从背景契机上看，江北新区发展定位之一是"新型城镇化示范区"，须直面传统二元结构瓦解后多样性的、复杂性的城乡社区社会治理局面。直管区七个街道既含城市社区又含涉农社区，既有城市老社区遗留的老问题又有安置社区暴露的新困难，存在着基层社会治理创新的明确需求，同时也为基层社会治理创新提供了丰富多样的实验样本。从创新动力上看，国家发展和改革委员会在《2017年国家级新区体制机制创新工作要点》中明确要求江北新区进一步理顺管理体制和运行机制，新区可以直管区为"试验场"进一步实践学界提出的"模糊行政、新型关系、内生制度、法定机构"等理念，对原有的社会发展难题与体制障碍破解进行试点性探索。从组织引领上看，南京市创新网格化社会治理机制工作领导小组在《2020年全市深化网格化治理创新提升市域社会治理现代化水平的十点工作》中明确要求包括江北新区在内的各区将社会治理创新作为年度重点工程来抓，并细化提出十项须贯彻落实的社会治理创新重点工作。

（三）浦东新区——管理体制机制创新

浦东新区是我国建立的第一个国家级新区，是上海市的一个副省级市辖区，经过20多年的实践探索，已经形成了较为完善的管理体制机制模式，其管理体制机制的创新将给予雄安新区提供大量可鉴之处。

自1990年中央宣布开发开放浦东新区以来，政府在管理体制上经历了开发开放办公室—管委会—建制政府的过渡阶段。第一阶段设立"开发办"作为市政府派出机构，与市委、市政府及浦东新区的三区两县形成决策、执行、协调的分合共存管理体制，共同管理，协力开发。第二阶段成立管委会与党工委，"两块牌子、一套班子"的机构，具有准政府机构的性质，统筹规划浦东新区开发开放的管理工作。目前已经成为了典型的政府体制模式，即成立了较完整的建制政府，建立了一级政府架构，下设相应的职能部门，实行"两级政府"的管理体制，体现了"小政府，大社会"的管理特色。

浦东新区管理体制机制改革的做法与特征主要表现为：①全面构筑小政府的行政管理体制，打破传统以行业为基点，"条条"对应设置机构的模式，按照职能整合系统化与综合化的原则，强化大部制改革，打造整体性政府，增强部门之间的协调配合机制与执行合力。以决策、执行、监督相互制约、相互协调为目标，现已将政府机构划分为综合统筹、经济服务、社会建设、城管建设、法则监督五个职能模块，同时在机构设置上贯彻精简、统一和效能原则，严格把控机构数量和人员编制，推进电子政务、网上办公、政府购买服务等方法在机制上创新，探索公共服务一站式、电子化、市场化、社会化供给，以此来提高政府服务水平与质量。②坚持政企、政社分开原则，积极转变政府职能，强化社会管理与公共服务功能，减少对经济的直接干预，同时注重培育和发展中介组织，为政府职能"瘦身"，先后建立了投资服务中心、投资咨询与服务贸易领域的中介组织。③深化行政审批改革与用人体制创新。优化审批流程，引进一流人才，为企业的投资与科技创新创造良好环境，同时积极推进行政审批电子监察制度、行政效能评估制度、行政问责制度与行政效能投诉制度，进一步提高政府效能，增强服务型与责任型政府建设。④在开发模式上坚持政府的开发意志与企业化运作的高度融合，最大程度地进行市场化运行，坚持以功能区与开发区为主导的开发思路，形成了陆家嘴贸易区、张江高科技园区等主要功能区，它们之间定位明确、发展有序，同时保持功能区间的协同效应。

（四）青岛西海岸新区——嵌入式管理体制创新

作为新时期深化改革开放的政策手段和制度安排，国家级新区成为当前汇集各类优势资源的重要模式载体。随着国家级新区数量的不断增多，有限的政策红利将不断被稀释、弱化，不同国家级新区核心价值与独特优势的强化越发有赖于其自身体制机制的创新效果。与上海浦东新区等新区采取的"政区化模式"以及兰州新区等采取的"管委会模式"不同，青岛西海岸新区基于行政主体多元、行政关系复杂的现实考量，逐步建构起一种可称为"嵌入式"的管理体制。我们认为，所谓"嵌入式"管理体制是将管委会、理事会等新型管理主体内嵌于原有的行政架构之中，通过空间上经济功能区等政策特区与行政区的相互嵌套，重塑不同行政主体之间的行政关系而构建的国家级新区管理体制。

青岛西海岸新区"嵌入式"管理体制在顶层设计与具体构建等方面体现出鲜明的创新性与地域特色。顶层设计方面，青岛西海岸新区"嵌入式"管理体制遵循"合署办公"的组织原则，即新区管委会与黄岛区政府实行在体制上"一套机构、两块牌子"，并通过"局、委、办"等部门开展行政管理工作。随着经济辐射和影响力的增强，各功能区已成为西海岸新区的重要行为主体，影响着新区区划格局调整。青岛西海岸新区与黄岛区的全面对接，构成辖域内功能区与一般行政区相互嵌套的全对接、零缝隙区划格局；以经济性职能为主的功能区和以行政性职能为主的行政区共同承担起社会管理的职能。

青岛西海岸新区辖域内存在数量众多、级别不一的行政主体。以功能区的整合为例，青岛西海岸新区立足于各类功能区差异化的功能定位，在各相对独立的功能区内保留和设立相应的管委会等功能性派出机构，在授予其相应管理权限的同时，将其纳入到统一的新区管委会组织架构中。同时，理事会、青岛西海岸发展（集团）有限公司等多样化管理主体及开发方式的介入，对于青岛西海岸新区管理体制的变革同样发挥了重要的推动作用。

青岛西海岸新区管理体制的构建就是通过将管委会、理事会等新型管理主体嵌入到原有行政架构之上实现的。这种"嵌入式"的管理体制能够最大程度地保持现有行政体制的稳定性，避免了因管理架构剧烈变化而可能带来的行政效率和社会效益的双重损失，从而最小化管理体制变革的风险与成本。青岛西海岸新区"嵌入式"管理体制并非仅仅是管委会等新型管理主体的直接嫁接与合并，新型管理体制的建立带来了包括行政区划、行政权力、行政格局等方面的深刻变革。

（五）雄安新区

1. 构建"大部制-扁平化"的行政管理机构

行政管理机构设置是行政体制建设的首要内容。根据《中央编办关于设立河北雄安新区管理机构有关问题的批复》，河北雄安新区管理委员会（以下简称"新区管委会"）为新区行政管理机构。管委会为河北省政府的派出机构。成立派出机构性质的管委会是我国成立新区行政管理机构的主要方式。与经济、高新技术开发区等功能定位较单一的开发区不同，新区的发展方式是综合性行政区，新区管委会在行政架构设计上需要具备综合性。

20世纪90年代以来，我国先后成立了包括深圳经济特区、上海浦东新区、天津滨海新区、珠海横琴新区在内的4个国家级新区。管委会作为新区的行政管理机构，具有管理机制以及授权的灵活性。雄安新区行政管理机构设置可以此为基础进行创新。

第一，可构建以"行政管理权限性质"为标准的"大部门"制度。以上海浦东新区为例，1993年，上海浦东新区正式成立。新区行政管理机构是作为上海市政府派出机构的浦东新区管理委员会。管委会内设机构精简，部门数量大幅少于派出本级地方政府内设部门数量，建政后的区职能部门数量仍显著少于上海其他区县。随后于1994年和2009年成立的天津滨海新区以及珠海横琴新区，效仿上海浦东新区管委会的行政派出模式，成立管委会，作为行政管理机构。新区管委会延续了行政派出模式，并实行"大部门，扁平化"管理，设置党政办公室、党群工作部、改革发展局、规划建设局、公共服务局、综合执法局和安全监管局7个内设机构。这一设计与传统"大部门制"有显著区别。传统"大部门制"是对相似职能部门的合并。雄安新区具有传统的"大部门制"的特点，比如，将规划、经贸、城市建设等职能并入改革发展局与规划建设局两个职能部门。此外，雄安的"大部门制"设计，还根据行政权力的性质对部门进行统合，比如对综合执法局、安全监管局的设立，体现了"大执法""大安监"的思路，将执法性质的权限，与监管性质的权限各自归入单一部门。随着新区建设的推进，管委会职能部门因应管理需求逐渐增多，可依照类似思路对新设部门进行探索。

第二，创新新区管委会内设部门岗位管理机制。国家对新区管委会的设计遵循"扁平化"的管理理念。"扁平化"源于企业组织流程再造，政府机构扁平化是政府对企业高效管理模式的学习和应用，是对传统科层制范式的挑战。管委会7个内设部门不再设置科室，实行岗位管理。这将实现管委会内部一级管理。"大部门"体制下，管委会每个内设部门会负责多项职能。基于一级岗位管理的特点，同时要求单一部门的规模精简有限。在传统科室管理模式下，科室规模相对小，科室职能即内设岗位的职能范围。岗位管理模式下，不存在科室边界，对岗位设置、岗位职责说明有更高要求。新区可通过岗位管理制度探索行政机构"扁平化"管理的相关机制。首先，可明确不同岗位性质，探索岗位分类管理体制。我国地方对公务员分类改革的实践有十余年历史。新区的"大部门"以及"岗位管理"体制为深化公务员分类改革提供了制度基础。新区综合执法局的设置，将执法类公务员归入同一部门，更有利于他职能部门不同类别岗位的分类管理。新区可以岗位性质为基础，按需设置多种性质类别的岗位，并设计配套管理制度。其次，明确不同岗位职责，以详细的岗位说明为基础完善岗位管理制度。一级扁平化岗位管理要求对岗位职责定位清晰，权责范围明确，并做出详细说明。新区可在岗位设置、岗位说明制定上进行创新探索。最后，创新岗位间协作机制，促进部门统筹下岗位间协作。为避免岗位责任僵化，影响行政效率，新区可探索制定岗位间协作机制，将协作责任纳入岗位职责范围，同时明确在部门统筹下的协作范围，实现岗位分工与统合有机结合。

2. 搭建"沟通-回应"并行的新区管委会工作机制

根据管委会制度设计，新区管委会同时接受国务院、京津冀协同发展领导小组办公室指导。管委会作为雄安新区行政管理机构的主要职责是统筹新区建设的日常事务，同时被托管辖下三县和周边区域。在制度设计层面搭建国务院、京津冀协同发展办公室与管委会协调的工作机制，可有效保障新区建设及辖区管理等日常工作的有序进行。

第一，在授权省管权限上，搭建国家与新区管委会直接沟通机制。作为国家级新区，新区建设过程中可调集各方优势力量，筹备期及建设期间同时主要依靠河北省行政资源。搭建有效的工作机制对新区建设具有重要意义。作为河北省政府派出机构，新区管委会将根据授权，部分行使省级管理权限。在新区授权行使省管权限领域，可搭建新区管委会与国家的直接沟通渠道，提高授权领域反馈的行政效率。

第二，完善京津冀协同领导小组办公室与新区管委会的旧"一体化"建设的工作机制。作为新区管委会另一指导机构，京津冀协同办负责指导与协调京津冀跨区协同建设与发展工作，与国务院指导综合建设新区的角色形成不同侧重。雄安新区作为优化调整京津冀城市布局的国家级战略，在京津冀一体化进程中扮演重要角色。特别是雄安将承载北京非首都功能，未来将与北京互动更为频密。因此，京津冀协同办的指导和协调作用对跨区域一体化建设尤为重要。这需要协同办具备协调能力强、精简精干的工作机制。2014 年 8 月，国务院成立京津冀协同发展领导小组及办公室，由中共中央政治局常委，国务院副总理张高丽担任组长。随后，北京、天津、河北省分别成立京津冀协同领导小组及办公室。京津冀协同发展领导小组和办公室统领三地协同办是目前的架构，未来可考虑进一步整合精简三地协同发展领导小组及办公室，统一在京津冀协同发展领导小组及办公室的指导下工作。新区管委会接受京津冀协同发展领导小组的指导，河北省协同发展领导小组及办公室在中央的部署下负责具体工作的协调。

第三，搭建管委会回应性平台，畅通与社会沟通机制。回应性是指政府的公共政策对公共偏好的满足程度。作为新公共管理运动背景下，政府从强调把行政相对人视为"客户"，到更加强化政府的服务意识。作为新公共管理的核心概念之一，"回应性"强调政府通过参与式治理快速精准识别社会不同群体的需求并予以回应。近年来，政府回应性在我国理论与实践界获得更多关注。比如，有学者认为回应性是政府必要的责任之一。"政府责任是指政府能够积极地对社会民众的需求做出回应，并采取积极的措施。"新区管委会作为新区建设时期的行政管理机构，与社会接触互动密切。按照规划设想，雄安新区将在全球范围招揽人才。高精尖人才既可凭专业知识技术贡献新区建设，也会将国际先进理念经验带入新区。届时新区将成为国际化都市建设区，能及时收集、反馈、分析社会意见，并做出相应回应，对新区建设将起到促进作用，搭建与各界便捷的互动平台与机制，将有效增强政府回应性。

3. 探索"行政授权–技术增能"的跨区域行政机制创新

组织机构与宏观工作机制的运行有赖于微观制度与机制的设计。合理的行权权限划分、顺畅的行政权限行使机制和流程，不仅是新区行政体制的保障，也是对京津冀一体化建设的推进。

第一，搭建新区行使授权反馈机制。行政派出模式具有较大的授权空间。根据《中华人民共和国行政复议法》，"政府工作部门的派出机构可依照法律法规或者规章规定，以自己的名义做出具体行政行为"。即在本级政府的授权下，派出机构可以行使包括制定规范性文件在内的宪法赋予地方政府的大部分行政职权。比如，浦东新区成立之初，上海市委、市政府赋予了管委会较大的开发事权，令新区有较大空间探索新型管理模式。作为广东省政府的副厅级派出机构，广东省政府赋予横琴管委会多项省级管理权限。作为国家级新区，可将与新区建设与日常管理的省级管理权限授权给新区管委会。如上所述，新区管委会一级扁平式架构设计为提速行政效率铺设了制度准备，充分授权省级管理权限是落实扁平管理制度的保障。此外，作为新区行政管理机构，新区管委会与新区建设的日常动态互动紧密，可搭建例行机制反馈新区行使权限情况，便于国家获知新区行使授权权限的具体情况，同时也有助于国家根据建设需求研究授予新区其他必要管理权限。

第二，推进对新区权责一体的管理授权。在行政审批上，新区既要行使好河北省授权的省级管理权限，同时也要在管理事务的分工上对雄县、安新、蓉城三县做出清晰安排。在行使省级权限方面，与新区建设相关的部分省级审批权授权给新区管委会可有效提高新区项目的审批速度。目前我国既有新区发展已在这方面提供与积累了丰富经验。在提速行政审批效率的同时，新区也将面临事中事后监管。根据既往经验，目前事中事后监管的难点之一是行使监管权的一级行政管理机构欠缺对行政相对人的制约权限。这集中体现在资质管理权与监管责任存在不对等的现象。行政审批权主要为政府对市场与行业准入的管理。行政审批之外，我国目前主要通过对各行业的行业资质管理实现监管。根据相关研究，行业资质管理权主要由在国家及省级行政主管部门履行。与此同时，行使日常监管权的基层政府主要依靠法律法规赋予的行政处罚权限进行管理。由于行政处罚并不会对行政相对人的从业资质造成影响，行使日常监管权的省以下政府存在"有监管责任，监管权权弱"的问题。在初始制度设计上，雄安新区可探讨将与监管责任相匹配的省级资质处罚权授权新区管委会行使。可系统设计资质处罚制度，根据不同程度的违规行为进行不同程度的处罚，严重者可能被取消从业资质。同时可设计以新区为范围的动态征信管理机制，严重违规者将不能在新区执业。在与被托管三县及周边区域关系上，在新区建设初期，可探讨建立一级审批机制，新区行使授权领域省、市、县三级审批权限，以优化审批效率。随着管理职能的增多，可适当进行二级审批机制的探索，将市、县级审批权限授权三县行使，实现"一站多级"审批。

第三，推进京津冀行政审批一体化机制建设。雄安将承载疏解北京非首都功能的定位，新区建设过程将伴随着北京非首都功能疏解过程。在京津冀一体化背景下，京津冀三地人流、物流、资金流要素互动速度将加快，跨区审批机制的建立是推进一体化进程的必要制度建设。国务院已确定对跨区审批的指导思路，"推动服务事项跨地区远程办理、跨层级联动办理、跨部门协同办理，逐步形成全国一体化服务体系"是未来要实现的目标，需要搭建系列机制。首先，搭建京津冀行政审批一体化跨地域数据共享机制。以往更多讨论一级行政管理机构各职能部门的数据共享。对于属地管理部门，数据共享难度相对较小；垂直管理的职能部门，涉及协调横向属地管理与纵向行业管理之间的关系。京津冀一体化背景下，横向数据壁垒包括不同行政管辖区之间的数据共享。北京、天津、河北针对同一审批事项实现跨地域审批，异地审批，需要三地之间建立数据共享机制，这比目前跨地域审批探索前沿的"全省通办"模式更上一层。雄安新区由于不存在既有区内体制限制，可成为推进探索跨地域审批的试验田，突破横向与纵向障碍，先行建立京津冀一体化审批机制。其次，推进京津冀三地行政审批行政许可标准化建设。既有研究更多探讨我国公共服务标准化，通过建立全国及区域公共服务标准，大致公共服务供给均等化。行政标准化属政府服务分支领域。行政许可标准化在我国尚处于起步建设阶段。有学者指出，各地各部门对"行政审批事项"缺乏统一界定，"审批、核准、备案、许可、认可、认定"等不同概念混杂使用。审批统计口径不统一，存在混用"大项""子项"等作为统计口径的现象。行政相对人反映，行政审批事项数量减少的同时，仍存在审批要件、流程、实现等标准不明确，审批自由裁量权过大等问题。2016年7月，国务院审改办、国家标准委发布《国务院审改办国家标准委关于推进行政许可标准化的通知》，要求推进行政许可标准化，"解决'审批难'，约束自由裁量权，降低制度性交易成本，提高审批效率"，并要求"从行政许可的事项管理、流程、服务、受理场所、监督检查等方面，全面规范行政许可行为，提高审批效率，改进服务水平"。目前各地已经开始探索行政许可标准化体系建设。推进行政许可标准化的难点在于如何统一对同一审批事项的收件标准。特别是跨地域审批，由于各地经济社会发展情况不一，可能涉及需要采取不同监管标准。若对不同地区赋以自由裁量空间，则各地可能随着时间的推移发展出不同标准。此外，跨地审批还涉及统一不同行政区划审批标准。

第四，探索"人工智能＋政务服务"平台建设。国务院推进"互联网＋政务服务"旨在互联网的平台优势和资源整合优势，实现"跨地区、跨层级、跨部门"审批，从而提高群众使用政务服务的便捷程度。近年来，我国各地信息化建设已取得显著成果。比如，"广东省网上办事大厅已有各级各部门95009项行政审批和公共服务事项进驻。2015年全年共办理业务4987万笔，网上全流程办理率为75.7%，上网办理率为77.6%，网上办结率为72.2%，逐步实现了行政审批和服务事项的跨层级、跨部门、跨区域的标准化'通办'"。"互联网＋政务服务"的理念可有效降低"客户端"办事成本。但政务服务端仍需大量审批人员对材料进行逐层审查。人工智能时代，未来可在"互联网＋政务服务"的基础上将人工智能引入政务服务平台建设。雄安新区可在此方面进行机制探索，利用人工智能有效识别材料，实现初审，完成重复性、事务性形式审查工作关键节点、实质审查采用人工复核。如此探索或可大幅缓解编制紧张与编外人员扩张的问题。第五，构建京津冀一体化综合执法机制。京津冀一体化背景下，跨地域联合执法成为日常监管的必要机制。目前，京津冀已经在个别领域探索联合执法协作机制。比如，2017年4月，京津冀三地工商部门签署了《京津冀工商和市场监督管理部门竞争执法合作协议》，探索搭建三地联合执法联席会议制度，在三地形成统一、高效、便捷的联动工作机制，并探索建立协作执法信息化平台，共享执法信息与资源，将三地联合执法常态化。2017年6月，京津冀三地民政部门签署了《京津冀民政执法监察合作意向书》，探索三地民政联合执法。雄安新区的建设或可为推进京津冀联合执法提供新的平台和契机。由于新区管委会为大部门设置，综合执法局负责行政执法。在新区被授权行使省级管理权限的领域，可以探讨推进在雄安试行有综合执法局协同京津有关部门进行联合执法，一是通过与京津联合执法提升新区综合执法局业务素质，二是可以通过新区综合执法部门与京津职能部门执法联动，探索京津推动设置综合执法部门的可行性。

（六）福州新区

20 世纪 90 年代初，习近平同志在福州工作时提出了建设以吸引外资为主，发展外向型经济的闽江口金三角经济圈的重大战略布局。这一布局确立了经济发展空间格局，夯实了产业发展基础，开启了福州"东扩南进、沿江向海"的发展进程。20 多年来，福州市委、市政府坚持一张蓝图绘到底，有力地推了闽江口区域经济的快速发展。

2013 年 8 月，福州市进一步传承弘扬习近平总书记在福州工作时的战略构想，作出在更高起点上加快建设闽江口金三角经济圈的战略部署，决定规划建设福州新区。

2015 年 8 月，国务院印发《关于同意设立福州新区的批复》（国函〔2015〕137 号），同意设立福州新区，福州新区建设上升为国家级战略，成为全国第 14 个国家级新区。2015~2019 年，福州新区管理体制的构建与发展经历了一个不断加快改革与创新的过程，并取得较好成效。

1. 建立了由市领导牵头的领导机制

2013 年 11 月，福州市成立了以市委书记为组长，市长和相关市委常委、副市长为副组长的福州新区工作领导小组。新区工作领导小组充分发挥组织协调作用，把福州新区开发建设纳入市委市政府工作会议的常态化议题，并与市人大、市政协相互沟通协调，使全市凝心聚力。同时，小组领导牵头与省里及国家上级相关部门的积极对接，从而强有力地指导推动新区建设各项工作。

2. 建立以市发改委为依托的日常工作推进班子

2014 年 8 月 29 日，福州新区工作领导小组办公室（以下简称"新区办")挂牌成立，新区办除开展日常事务性工作外，重点在项目统筹、整体规划及对其他国家新区的调研等方面工作有序推进。同时，新区范围内的仓山、马尾、长乐和福清等行政区也相应设立了领导小组及办公室，基层新区办基本挂靠在相应的拆迁指挥部。

3. 及时推动新区领导小组办公室向新区管委会过渡

2016年1月，中央编办正式批复同意设立福州新区管委会，并确定福州新区管委会和福州市政府合署公的体制。根据中央编办精神，2016年8月，福州新区党工委和管委会正式成立，新区党工委书记由市委书记兼任，新区管委会主任由市长兼任。新区管委会全面负责新区的经济建设和开管理，管委会设有综合协调办公室、规划发展局和新区开发投资集团，另在福州市财政局加挂"福州新区财政与投融资局"牌子，福州市统局加挂"福州新区统计局"牌子。

4. 及时组建新区功能区管委会

2017年8月，在新区管委会统筹规划管理的基础上，福州新区福清功能区、长乐功能区、仓山功能区、江阴港城经济区管委会4个新区功能区（经济区）管理机构分别组建成立，主要负责落实新区功能区发展规划及政策措施，协调解决开发建设中遇到的问题。

5. 进一步理顺管理体制机制

进一步理顺福州新区开发投资集团有限公司和新区投资发展基金等管理机制，完善管委会对功能区（经济区）开发建设的管理职能，不断健全"两级联动，组团推动"的管理架构和运行体系。针对重点区域开发建设需求，抽调市县各相关部门人员分别成立滨海新城、三江口、琅岐岛3个市级建设指挥部，构建各方联动协同新机制。

6. 进一步优化服务保障机制

积极推动放管服改革，进一步完善滨海新城代理审批机制，设立滨海新城代批窗口，启用福州新区管委会审批专用2号章，全力推动省级审批权限下放福州新区转由县（市）区代理审批和"证照分离"改革试验项目在福州新区复制推广工作，实现省级下放权限的高效运行，有效实现"新区审批不出区"。

总体上看，近几年福州新区管理体制在不断加快改革和创新，并取得较好成效。目前福州新区管理体制最大的特点在于福州新区管委会既没有经济管理职能和权限，更没有政治职能和权限，新区管委会纯粹是一个综合协调机构，因此目前福州新区的管理体制非常"轻便"和"灵活"，这在新区开发初始阶段，的确是一种合适的管理体制模式。

但随着新区开发建设的进一步深入和发展，许多经济发展和社会事务等问题越来越多且越来越繁杂，新区管委会这种纯粹的综合协调职能也越来越不能适应经济社会发展，许多悬而未决的问题也逐渐暴露出来。因此，必须根据福州新区自身发展需要，进一步创新、完善新区管理体制。

（七）南京江北新区

南京江北新区获批国家级新区后，紧紧围绕"三区一平台"的战略定位，大力实施创新驱动发展战略，以自主创新引领产业转型升级、以制度创新促进区域协同发展，统筹推进规划编制、产业发展、城市建设、管理体制改革等各项重点工作，加快培育新动能、打造新平台、构建新机制，不断增强发展的动力和活力，充分发挥了在引领改革发展和创新体制机制方面的试验示范作用，经济社会发展总体呈现稳中有进的良好态势。2016 年完成地区生产总值 1612 亿元，同比增长 10%；一般公共预算收入 215 亿元，增长 22%；全社会固定资产投资 1550 亿元，增长 1%；社会消费品零售总额 662 亿元，增长 11%；规模以上工业企业总产值 3069 亿元，增长 3%，实现了国家级新区建设的良好开局[①]。

1. 创新资源集聚机制，科技创新能力显著提升

新区成立以来，不断推动政策举措和体制机制创新，积极打造吸引各类优质创新要素的"强磁场"。大力优化创新生态。制定自主创新先导

---

① https://item.btime.com/0216q0gc38rqk4diq9ntda0tqtg.

区建设实施方案，出台含金量高、针对性强的促进创新创业十条政策措施，在人才引进众创空间建设、科技金融等方面加强扶持，打出了政策"组合拳"，一大批科创孵化器、众创空间迅速成长，创新型企业加速集聚，初步营造了"创新江北"生态系统。大力集聚端资源。与德国弗劳恩霍夫研究所签约合作，共建中德智能制造研究合作平台；联合美国劳伦斯伯克利实验室组建"生命可持续研发中心"；与英国剑桥大学筹建"剑桥大学-南京科技创新中心"，成立欧洲（南京）创意设计中心；省产业技术研究院、工信部赛迪研究院等国内高端创新平台落户新区。大力推动协同创新。联合新区10余所高校成立江北新区高校联盟，与南京大学、东南大学签订全面战略合作协议，南大高性能计算中心、南大低碳研究院落户江北，与东南大学共建的集成电路产业服务中心已成立运营公司，南京信息工程大学气象产业园等合作项目加快推进。与省知识产权局签署战略合作协议，共建"知识产权引领创新驱动发展示范新区"，为中小企业创业创新保驾护航。与江苏电信共建"智慧双创示范基地"，与江苏移动共建"智物联新区"，增强了新区在物联网、大数据等领域的技术优势和发展后劲。

2. 创新产业培育机制，现代产业体系加快构建

树立集约发展导向，积极推进产业空间布局调整，加快推动高新区、化工园、海峡两岸科工园以及浦口、六合开发区等重点园区产业转型和功能提升，促进主导产业在空间、资源等方面的有效集聚，初步构建了布局合理、特色鲜明的现代产业发展格局。聚焦主导产业：结合新区产业基础及资源禀赋，确立了"4+2"现代产业体系，即大力发展智能制造、生命健康、新材料、高端装备制造等先进制造业以及现代物流、科技服务等生产性服务业，全力培育壮大集成电路、生物医药、新能源汽车等千亿级产业集群。聚焦招商引资：紧盯海外项目资源抓招商，先后赴英国、德国、瑞典、韩国、日本、中国香港、中国澳门等地开展推介，中英南丁格尔国际护理学院、中法产业园等重大项目先后落户。紧盯重

大活动抓招商，2016 年南京"金洽会"期间，新区继续保持强劲势头，签约重大项目 21 个，总投资近 500 亿元。聚焦项目建设：坚持把项目建设作为推动产业发展的重要抓手，着力破解要素制约，加大产业投入。2020 年 7 月，一期投资 30 亿美元的台积电 12 英寸晶圆厂项目正式开工，预计 2018 年投产；上汽新能源汽车项目即将竣工投产。省环境能源交易中心落户新区，老山生态旅游体验园、"地球之窗＋X"旅游综合体等重大服务业项目加快推进。

3. 创新城建推进机制，城市发展框架全面拉开

围绕"绿色、智慧、人文、宜居"目标，不断优化城乡建设布局，加大基础设施和民生项目投入，着力提升城市功能。突出规划先行：《南京江北新区总体规划》完成审批，《南京江北新区发展总体规划》进一步修改完善。编制完成新区"十三五"规划、产业规划、环保规划等 50 余项重要规划，包括新区中心区、高新大厂、桥林等重点片区 34 项控制性详规，以及新型城镇化试点、长江岸线利用、综合管廊等专项规划，规划体系基本实现全覆盖。突出基础先行：过江通道方面，大力推进长江五桥建设和长江大桥公路桥维修改造。轨道交通方面，宁和城际预计 2017 年底前具备通车条件，同时，地铁 11 号线一期、4 号线二期、宁天城际南延等三条新线已获国家发改委批复。骨干路网方面，江北大道二期（雍庄至龙池段）已开工建设。突出核心区建设：启动了贯通整个核心区的青龙绿带，以及中央商务区地下空间一期等总投资约 420 亿元的 22 个重点城建项目，综合管廊一期 10 千米建成，横江大道、浦乌路、绿水湾路等加快建设，中心区"四横五纵"主干路网框架基本形成。突出城市功能提升：积极推进南京国际健康城建设，推动鼓楼医院、南医大综合性医院、南京一中、鼓楼幼儿园等主城名院、名校向新区布局，引进了华润万象城、红星美凯龙等一批商业项目。同时，加快推动新区城市馆（规划展览馆和市民中心）、南京美术馆新馆、新区图书馆等一批功能性项目规划建设。

4. 创新行政管理机制，政务运行效率显著提升

充分借鉴浦东、滨海等国家级新区发展经验，积极推进体制机制突破和模式路径创新，激发新区发展活力。优化政务服务水平：成立市政务服务中心江北中心。强化关键要素保障：推进规划国土管理体制改革，推进新区土地储备中心、规划国土发展研究中心机构设置；以 272 平方千米城镇建设用地为控制目标，推动规划国土"两规融合"。改革财税体制，与省政府投资基金共同出资 20 亿元，成立省市共建江北新区发展基金；设立区星景健康产业基金 18 亿元；支持浦口大江北国资集团等 7 家平台在银行间交易市场发行短期融资债券、中期票据等融资工具，拟发行额 247 亿元。推进重大试点工程：经国务院批准，江北新区成为全国服务贸易创新发展试点的 5 个新区之一，试点方案获省政府批复，促进服务贸易创新发展的"十条政策"即将出台，拟设 1 亿元的服务贸易扶持资金和 20 亿元服务贸易产业基金。国家健康医疗大数据及产业园建设试点工程落户新区，目前各项工作正在有序推进。探索创新新区大数据管理工作机制，加快组建大数管理中心，积极推进设立南京江北新区知识产权法庭，新区仲裁院完成挂牌。推动区域开放合作：主服务宁镇扬一体化建设，大力推进宁滁一体化发展、宁淮和宁扬同化发展，先后赴滁州、淮安盱眙和扬州仪征对接合作，与盱眙签订区域融合发展合作协议，在产业协同、生态共建等方面均取得阶段性成效。

5. 创新内外联动机制，区域发展环境不断优化

主动加强与国家发改委等中央部委及省、市相关部门的联系，建立健全常态化沟通汇机制，努力争取国家政策资源向江北新区倾斜。面向"三区两园"，步建立工作协调机制，管委会会同行政区、园区，定期举行经济形势分析会、联席会议，会商新区发展重大问题。深化管理体制改革，根据市委市政府出台的新区"三定"方案，按照"大部制"设置、"扁平化"管理原则，迅速完成新区党工委、管委会"两部七局一委"等机构组建，不断强化建章立制，完善内外联动运行机制。加强管委会干

部队伍建设，着手人事制度改革及绩效管理制度改革等开展研究。加强与新华社、《人民日报》、凤凰卫视等媒体的合作，努力为新区发展营造良好的舆论环境。

江西省第十三次党代会强调要集中力量建设"南京江北新区等重要平台，集聚创新资源，加强分工协作，推进机制创新，打造人才高地、创新高地、产业高地"。省委领导在江北新区调研时也明确指出江北新区是南京也是全省的一块金字招牌，更大力度推进江北新区建设，要按照国务院批复的"三区一平台"总体方案要求，围绕"新"字做文章，努力在"新"上力求突破。今后一个时期，推进江北新区建设，必须坚持以自主创新引领产业转型升级、以制度创新促进区域协同发展，全力把江北新区建设成为全省跨江发展的桥头堡、扬子江城市群建设先导区，积极发挥好辐射带动宁镇扬一体化和苏中、苏北地区发展的重要作用。

（1）着力提升自主创新能力。以省产业技术研究院、中德智能制造合作研究机构、剑桥大学（南京）科创中心等创新平台建设为重点，积极争取国家级创新中心落户，推进江北新区科技创新资源集聚区建设。加快建设产业技术研创园，造全球智能设计中心。深化与省知识产权局合作，注重发挥江北高校联盟作用，促进科技成果转化。以健全创新创业服务体系、加强金融政策支持等为重点，细化完善并实施好创新创业"十条政策"，促众创空间、创客联盟、创业学院发展，努力让创业创新成为新区亮丽名片。

（2）着力提升现代产业层次。紧扣"4+2"产业方向，加快构建现代产业体系，重点打造集成电路、生物医药、新能源汽车3000亿元级产业集群。加快台积电等龙头企业和项目建设，提升产业发展技术水平和整体竞争力。科技服务业方面，积极推进研创园创发中心、焦点科技研发基地发展。现代物流业方面，推进新区保税物流中心、海尔虚实网服务园等项目建设；依托西坝、七坝港区，大力发展临港产业，积极促进港、产、城一体化发展。

（3）着力提升城市功能品质。优化城镇空间布局。坚持以中心区建设为重点，加快推动国际健康城建设，大力推动六合副中心和桥林新城、龙袍新城，以及星甸、竹镇、八卦洲等8个新市镇建设，高标准打造一批美丽乡村特色示范村，加快形成"中心城－副中心城－新城－新市镇"的城镇等级体系。加大交通基础设施建设力度，加快推进一批标志性、功能性大项目建设，确保中心区早出形象、快出成效。继续推进南丁格尔国际护理学院、南京一中江北分校等民生工程，确保居乐一中、鼓楼医院江北分院等尽快投入使用。

（4）着力提升开放合作水平。积极落实《长江三角洲城市群发展规划》，加快推动与上海浦东新区、浙江舟山群岛新区、上海自贸区等联动发展，促进南京都市圈与长江中上游地区的协作。放大长江12.5米深水航道贯通效应，加强与扬州、镇江等周边地区合作，努力在扬子江城市群、宁镇扬一体化和全省跨江发展中发挥带头作用。积极推动服务贸易创新发展试点，重点在服务贸易体制机制、政策体系、发展模式等方面先行先试。推动海关、国检、海事、边检等口岸查验单位在新区增设分支机构，不断提升国际竞争力和影响力。

（5）着力提升政务服务效率。以简政放权为重点推动行政管理体制改革，开展相对集中行使行政许可权改革，着力打造成为长三角区域行政审批事项最少、审批事项办结时限最短、行政审批收费最少新区。完善土地收储和开发制度，推动新区范围内土地统一规划、统一收储；积极探索"人地挂钩"试点工作。加快实施投融资体制机制改革，发挥江北新区发展基金的杠杆作用，吸引撬动社会资本投入新发展建设。围绕建立完整的金融创新体系，通过设立科技创新投资基金、构建区域股权投资中心、建立健全科技金融中介服务体系等举措，促进资本与科技有效对接，打造"科技金融合作创新示范区"。

第六章
赣江新区体制机制创新建设

第一节　赣江新区管理体制现状

一、赣江新区简介

赣江新区是中国第 18 个国家级新区。包括南昌经济技术开发区、南昌临空经济区和九江共青城市、九江永修县的部分街道、乡镇，规划范围 465 平方千米。

（一）　建制沿革

2016 年 6 月 6 日，国务院同意设立江西赣江新区，赣江新区成为中部地区第 2 个、全国第 18 个国家级新区。2016 年 10 月 20 日，赣江新区管理机构正式挂牌，标志着江西"龙头昂起"战略进入全新的发展阶段。

2016 年 3 月 7 日，江西代表团在北京驻地举行全体会议。根据国家发改委的意见，"昌九新区"改名为"赣江新区"进行申报，这是江西省首提"赣江新区"。

2016 年 6 月 14 日，中国政府网发布了《国务院关于同意设立江西赣江新区的批复》。

（二）行政区划

赣江新区位于南昌市北部的赣江之滨，包括隶属于南昌市青山湖区、新建区和九江市的共青城市、永修县的部分街道（乡、镇），主要范围为南昌经济技术开发区、南昌临空经济区（含桑海开发区）、永修县城、永修云山经济开发区、共青城市城区、共青城经济技术开发区，规划面积465 平方千米，其中南昌境内 267 平方千米、九江境内 198 平方千米。

（三）自然环境

南昌经济技术开发区位于南昌市北郊，靠近长三角、珠三角、闽东南三个经济圈，境内水、陆、空、铁现代综合立体交通全覆盖。

南昌临空经济区位于梅岭之麓、赣江之滨，总面积 223 平方千米，规划打造为中部地区重要航空枢纽和对外开放门户、长江中游高端产业集聚区和绿色智慧空港、鄱阳湖生态经济区先导区和改革创新示范区、昌九一体化发展的战略支点和强力引擎。园区内坐落有国家级南昌综合保税区，规划范围 2 平方千米。

永修组团（永修县）地处南昌和九江之间，距南昌 38 千米、九江 80 千米；位于赣江新区核心板块，南接经开、临空组团，北联共青组团，是新区唯一成建制的城市。交通便捷。具有水陆空一体化交通网络，坐拥京九、昌九城际两条铁路，105、316 两条国道，福银、永武两条高速，修河、潦河两大水系；县城距昌北机场仅 18 千米、15 分钟车程。同时，昌九快速通道贯穿全境，永修至南昌的全省首条跨区域城市公交线路开通运营，南昌轨道交通已经规划至永修城市中心。

共青组团（共青城市）位于江西省北部，北倚世界著名的避暑胜地庐山，东邻中国第一大淡水湖鄱阳湖，地处京九、长江两大经济带的接合部，面积 310 平方千米，人口 20 万，辖五乡镇一街道。

（四）经济发展

经济发展核心指标：截至 2020 年末，地区生产总值 880 亿元，同比增长 5.1%，财政总收入 126.1 亿元，增长 15.1%，规模以上工业增加值同比增长 5.5%，实际利用外资同比增长 21%，固定资产投资增长 11.1%，是中部地区发展基础较好、发展潜力较大的区域，具备加快新型工业化和新型城镇化融合发展的优越条件。

主导产业：赣江新区是中部地区重要的先进制造业和战略性新兴产业集聚区，已形成以光电信息、智能装备制造、新能源新材料、生物医药、有机硅、现代轻纺六大主导产业为基础，以电子信息产业园、军民融合产业园、新能源汽车城、中医药科创城产业园等专业园区为载体，以若干个科技创新平台为支撑的产业发展体系。

（1）光电信息产业和电子信息产业园。光电信息产业和电子信息产业园围绕欧菲光、智慧海派等企业，形成了电子元器件、集成电路芯片、智能终端、大数据等组成的电子信息产业链；以佳因光电、凯迅光电等为代表的 LED 上游从 MO 源、衬底、芯片产业，以鸿利光电等为代表的中游封装产业和以科瑞普、芯地等为代表的下游应用产业的 LED 全产业链。

电子信息产业园项目西邻曰修路、东邻经开大道、北邻兴业大道、南邻顺丰物流园。一期总建筑面积 10.8 万平方米，其中，厂房建筑面积 8.2 万平方米，以电子信息产业为主，配套建筑面积 2.6 万平方米；二期总建筑面积 14.1 万平方米，其中，厂房建筑面积 10.9 万平方米，配套建筑面积 3.2 万平方米。

（2）智能装备制造产业和军民融合产业园。智能装备制造产业和军民融合产业园围绕格特拉克、海立、奥克斯、明匠智能等企业，形成了以智能芯片、传感器、制冷压缩机、互联网技术等组成的智能制造产业链。

正在打造的军民融合产业园为省级军民融合产业基地，主要发展航空、电子、卫星应用、汽车产业和军工服务业，培育一批军民结合型高新技术产业。

（3）新能源新材料产业和新能源汽车城。新能源新材料产业和新能源汽车城围绕江铃新能源汽车、恒动新能源、百路佳、西林科及中国中车等企业形成了以燃料抗爆剂、稀有金属、新能源汽车动力电池、新能源汽车等组成的新能源新材料产业链。

新能源汽车城位于儒乐湖新城，规划总面积 5.81 平方千米。旨在打造功能复合的综合性汽车城，依托新能源汽车及电子信息产业基础，以技术研发为驱动力，优先发展新能源整车制造，吸引核心零部件配套，同步发展汽车物流、汽车贸易、汽车服务和汽车文化产业，带动城市商贸、商业地产、旅游休闲等产业。江铃集团年产 30 万辆新能源汽车新基地（拥有全国第 7 张、江西省唯一一张新能源乘用车生产牌照）及工程研究院项目已开工建设，江西省同步成立了 200 亿元规模的江西汽车产业基金。

（4）生物医药产业和中国中医药科创城。生物医药产业和中国中医药科创城汇聚了桑海制药、济生制药、杏林白马、立健药业等一大批优秀生物医药企业，形成了以新药研发、中成药、化学药、医疗器械生产等组成的中医药产业链。

2017 年 3 月，江西省政府印发《中国（南昌）中医药科创城建设方案》，中医药科创城正式落户赣江新区经开组团。中医药科创城是中医药创新综合体，其功能定位是"一中心、五区"，即中医药创新中心、创新驱动先行区、高端人才集聚区、产业发展引领区、文化交流传承典范区、健康智慧新城区。中医药科创城的建设将按照"双核驱动、协同发展"的模式推进，其中"一核"在经开组团桑海产业园，规划总用地面积 15 平方千米、首期启动 3 平方千米。2017 年生物医药产业主营业务收入为 240.63 亿元，同比增长 22.6%，规模以上企业户数 45 家。围绕济民制药、桑海制药等企业形成了以新药研发、中成药、化学药、医疗器械生产等组成的中医药产业链，在中成药等领域具有一定的产业优势。随着桑海产业园和江中药谷为双核的中国（南昌）中医药科创城建设启动，将为新区中医药产业发展提供新一轮发展契机。

（5）有机硅产业。新区有机硅新材料产业主要集中在永修组团，2017 年有机硅新材料产业主营业收入为 199.03 亿元，同比增长 31.5%，规模以上企业 39 家。围绕星火有机硅、卡博特蓝星化工等企业，形成了以硅油、硅树脂、硅橡胶、氟硅化合物、硅烷偶联剂等组成的有机硅新材料产业链，具备了一定规模的有机硅新材料产业基础。目前，新区建有国家级新型工业化有机硅产业示范基地、江西省有机硅创新研究院有限公司等产业基地与科研机构，正加快推进江西省有机硅产业孵化基地、广东有机硅终端产品产业园等一批重大项目建设。

（6）现代轻纺产业。新区现代轻纺产业主要集中在共青组团，2017年现代轻纺产业主营业务收入为 221.31 亿元，同比增长 23%，规模以上企业 106 家。围绕鸭鸭、回圆等企业形成了以纺纱织布、数码印染、创意设计、服装设备制造、加工、展示组成了现代轻纺产业链，已形成品牌和规模的集聚效应，是"中国羽绒服装名城""中国纺织产业集群试点地区"和"国家新型工业化产业示范基地"，拥有"鸭鸭"等 5 个中国驰名商标和 40 多个自主品牌，羽绒制品及针织等各类服装年产能 6000 多万件（套），精梳棉纺纱、化纤纱年产能 25 万锭。与阿里巴巴集团合作，通过"互联网+"发展个人定制、一站式加工、线上线下营销，打造羽绒服装"云链条"。

（五）交通

赣江新区位于京九大通道和沪昆大动脉的结合部，交通枢纽功能显现。沪昆高铁、京九铁路、昌九城际铁路、福银高速、沪昆高速等多条铁路和高速公路贯通新区，南昌昌北国际机场、长江干支流高等级航道等航空和水运基础设施完备，京九高铁将和现有铁路、高速公路以及昌北机场形成现代化综合立体交通枢纽。随着南昌综合保税区正式封关运行、龙头岗综合码头一期工程完工、昌北铁路物流园加紧建设，新区全方位对外开放格局正在逐步显现。

（六）教育医疗卫生资源

共青城大学城赣江新区有昌北、共青城两个大学城，周边集聚了江西 3/5 的科研机构、2/3 的大中专院校和 70% 以上的科研人员，拥有 18

个国家级和 220 个省级重点实验区、工程研究中心和企业技术中心，搭建了北大科技园众创空间、清华科技园孵化基地等一批特色鲜明的众创平台，是科技、人才、教育等创新资源的密集区，可为企业发展提供优良的人力资源基础。

昌北大学城位于南昌经济开发区，聚集了江西财经大学、江西农业大学、东华理工大学、华东交通大学、江西理工大学、江西科技师范大学等一批省内知名高校。

共青大学城是江西省共青城市 2014 年计划打造的一座"大学城"项目。江西省独立院校面临评估验收的"大考"，以评估验收倒逼改革，以教育发展倒逼改革，改革之势势如骥弩，共青大学城顺应而出。南昌大学、江西财经大学、江西师范大学、江西农业大学、南昌航空大学等独立学院将入驻共青大学城办学。其中南湖新城学校项目规划面积 80 亩，建筑面积 26800 多平方米，投资近 6000 万元。

赣江新区医院项目位于儒乐湖南岸小镇内，总投资约 10 亿元，项目总用地面积约 80.69 亩，总建筑面积约 11.4 万平方米。

（七）战略意义

根据江西"十三五"规划，"十三五"期间，将深入实施"龙头昂起、两翼齐飞、苏区振兴、绿色崛起"区域发展战略。该战略要聚焦聚力昌九新区建设，带动提升昌九整体实力和活力，使昌九地区成为对接"一带一路"、长江经济带的核心区。

建设好江西赣江新区，对于促进中部地区崛起、推动长江经济带发展、加快内陆地区开发开放具有重要意义。

（八）发展格局

新区将以主要交通通道和鄱阳湖水系为依托，努力构建"两廊一带四组团"发展格局。

建设"两廊一带"。昌九产业走廊主要依托南昌经开区、临空经济区、共青经开区、永修星火工业园，打造国内具有较大影响力的先进制造业和现代服务业产业走廊；滨湖生态廊道以鄱阳湖滨湖控制带、赣江为主体，构筑百里滨湖立体生态廊道；昌九新型城镇带以昌九大道为主轴，构建适度紧凑、疏密有致、延绵发展的绿色生态城镇带，联动南昌、九江都市区一体化发展。

打造"四组团"：昌北组团重点发展汽车及零部件制造、新能源、新材料及节能环保等战略性新兴产业，建设高端装备制造业基地和科教研发基地；临空组团重点发展航空物流、高端制造、生物医药、电子信息产业，建设现代临空都市区和总部经济聚集区；永修组团重点发展有机硅新材料、现代都市农业、生态旅游、高端装备制造、电子信息和现代服务业，做强有机硅国家新型工业化产业基地和都市观光休闲农业示范带；共青组团重点发展电子电器、新能源、新材料、文化创意、旅游休闲、电子商务、纺织服装等产业，建设全国青年创业创新示范基地和国际生态文明交流平台。

（九）发展目标

在 19 个国家级新区中，赣江新区主要经济指标增速均位居前列，呈现出产业集聚、融合发展、新动能孕育"三个提速"的态势，也相继获得国家绿色金融改革创新试验区、国家大众创业万众创新示范基地、国家级人力资源服务产业园、国家高新技术产业开发区等亮丽的"国字号"名片，是中部地区发展基础较好、发展潜力较大的区域，具备加快新型工业化和新型城镇化融合发展的优越条件。

到 2020 年，新区新型城镇化和生态文明建设有序推进，以先进制造业、战略性新兴产业和现代服务业为主导的现代产业体系初步形成，基础设施进一步完善，对外开放合作取得新进展，经济增长速度明显高于江西省平均水平，基本建成产城融合、城乡一体、生态宜居的现代化新区。

到 2030 年，新区发展实现重大跨越，综合实力和产业竞争力大幅增强，新型城镇化建设水平和质量显著提升，现代产业体系更加完备，体制机制充满活力，生态环境进一步优化，成为促进中部地区崛起和推动长江经济带发展的重要战略支点。

（十）主要任务

江西赣江新区有五个重点建设任务：一是推动产业集聚发展和转型升级。积极承接产业转移，大力发展智能装备、新能源、新材料、新一代信息技术、生物医药等战略性新兴产业，加快发展现代服务业，以创新引领驱动产业优化升级。二是建设现代滨湖临江生态新城。优化城镇布局和形态，控制新区开发强度，加强城市历史文脉保护与延续，促进城乡一体化发展、产业与城市融合发展，建设绿色、智慧、人文城市。三是加快生态文明建设先行示范。实施生态功能分区控制，加强生态保护，大力发展低碳循环产业，创新生态文明体制机制，打造生态文明"江西样板"。四是提升基础设施支撑保障能力。完善综合交通网络，构建现代物流体系，建设绿色清洁能源通道，构建强有力的基础设施保障体系。五是探索新区科学发展体制机制。创新行政管理体制，改革完善城镇化发展体制机制，创新投融资机制，建设充满活力的体制机制创新示范区。

二、赣江新区管理体制

（一）赣江新区管理体制现状

2019 年中共江西省委江西省人民政府印发《关于完善赣江新区管理体制的实施方案》进一步明确了赣江新区的管理体制。

1. 基本原则

（1）统分结合，分片运行。将赣江新区划分为直管区和统筹区，合理明确直管区和统筹区的管理范围、运营方式和开发主体职责，实行统一平台、统一规划、统一对外宣传，实现各尽其能、各负其责，竞争有序、协同互补。

（2）统筹管理，上下联动。强化赣江新区建设领导小组及其办公室的统揽作用，统筹推进重大项目、重大平台、重大事项。对各片区发展实行统一的严格考核，加大省级政策支持，引导南昌市、九江市加大对赣江新区各片区资源要素投入。

（3）利益共享，融合发展。充分调动赣江新区、南昌市、九江市积极性，激发和释放三方活力，形成多渠道投入、多层次开发、多方面受益的开发建设机制，推动基础设施互联互通、重大平台共同使用、重大产业分工协作、公共服务共建共享，实现赣江新区融合发展。

2. 组织架构

（1）强化省级决策。赣江新区建设领导小组贯彻落实国务院关于设立赣江新区的批复精神，结合赣江新区发展阶段和发展实际，研究制定赣江新区开发建设的决策部署，审定赣江新区建设规划、工作计划和重大事项，统筹推进重大交通、产业、公共服务等项目布局，指导开展重大改革试点和体制机制创新，原则上每两个月召开一次领导小组会议。赣江新区建设领导小组办公室加强统筹协调，及时协调解决重大问题，落实赣江新区建设领导小组决策部署。

（2）优化管理层级。直管区实行管委会乡镇（功能区）两级"扁平化"管理，赣江新区管委会组织、领导直管区经济社会发展和开发建设，全面管理直管区各项社会事务，全面统计直管区经济社会发展情况。统筹区按属地原则由南昌市、九江市直接管辖。保留原有经开、临空、永修、共青四个组团，各组团按属地原则负责本区域内开发建设和经济社会管理。赣江新区党工委、管委会加强与四个组团协调沟通。

（3）加大省市支持。省政府赋予赣江新区设区市级和部分省级经济社会事务管理权限，除需国家审批核准或国家明确规定由省级政府部门审批核准外，其余审批权限均下放给赣江新区办理；赋予赣江新区更大自主发展权、自主改革权、自主创新权，国家和省级改革试点优先考虑放在赣江新区，重大基础设施和重要平台优先考虑布局赣江新区；省、市财政加大对赣江新区建设的支持，推动省级投融资平台将注册地转移到赣江新区，先期推动省投资集团、省金控集团、省大成国资公司将注册地变更登记到赣江新区直管区。支持赣江新区设立投融资平台，组建多元化的投资主体出资支持赣江新区直管区建设。

3. 区域划分

直管区管辖范围合计 162.1 平方千米，包括赣江新区管委会所在的儒乐湖核心区 9.34 平方千米；原桑海经济技术开发区大部分区域，新建区金桥乡全域和溪霞镇万福村、乌石村、南坪村 3 个行政村，共 104.04 平方千米；永修县马口镇马口村、爱华村、高峰村、立华村、山丰村、城山村、新丰村、和丰村 8 个行政村，永丰垦殖场的东丰分场、长兴大队、下泥大队 3 个大队（分场），以及马口镇林场、先锋村部分区域，共 48.72 平方千米；国家批复的赣江新区规划范围内未纳入直管区的其他区域为统筹区。

4. 运行机制

（1）直管区运行机制。赣江新区党工委、管委会根据省委、省政府授权，按照南昌市、九江市和涉及县（市、区）委托管理协议，在直管区全面负责政治建设、经济建设、文化建设、社会建设、生态文明建设和党的建设，行使设区市级经济社会事务管理职权和部分省级经济社会事务管理权限。

1）组织机构及干部人事管理。行政管理。赣江新区党工委、管委会全面领导直管区乡镇（功能区）。赣江新区省管干部由省委、省政府任免，直管区下设机构负责人由赣江新区任免，统筹区下设机构负责人分别由南昌市、九江市商赣江新区任免。赣江新区党工委、管委会各部门直接接受对口省直相关部门的业务指导和行业管理。

功能区管理。赣江新区党工委、管委会可根据总体规划、开发建设、经济发展和社会管理的实际需要，设立或调整经济功能区的规划布局，并依托直管区内现有管理机构调整组建相应的管理机构。赣江新区管委会所在的儒乐湖核心区开发建设和经济社会管理维持现有模式不变，土地由赣江新区挂牌出让，土地收益实行封闭运行，税收由赣江新区和南昌经开区对半分成。

落实党中央深化党和国家机构改革有关精神，按照优化协同高效原则，对赣江新区内设机构和职责进行调整优化，增强相应职能，理顺职责关系。具体调整事宜，由赣江新区商省机构编制部门，按照规定权限和程序办理。

2）综合经济管理。土地等资源要素的调配供给，由赣江新区管委会直报省政府及相关部门，予以优先保障。

新区统计工作仍按照省统计局有关文件要求，实行在地统计，直管区统计数据由赣江新区管委会统计，统筹区各组团统计数据按原行政区域分属所属县（市、区）或开发区，相关统计报表抄送赣江新区，省统计局核定反馈。直管区和统筹区数据同时分别计入赣江新区和原行政区属地。

3）财税管理。赣江新区保持原有相对独立的市级财政管理体制不变，设立相应的赣江新区本级金库，直接对接省国库。

省级财政在原定 2 亿元的基础上再增加 3 亿元，从 2019 年起连续三年每年安排 5 亿元定额补助支持赣江新区建设；南昌市财政从 2019 年起连续三年每年安排 3 亿元定额补助支持赣江新区建设；省财政在安排新增债券额度、省直部门在安排相关补助时，给予赣江新区直管区重点倾斜；省发展升级引导基金支持设立赣江新区发展建设子基金，同时省发展升级引导基金其他子基金优先投向赣江新区直管区。

赣江新区税务局目前维持原有税收征管体制机制和范围不变，并负责新纳入直管区范围内的税收征管，涉及统筹区的地方可用财力返还属地政府。

4）项目管理。项目申报和审批管理：按照中共江西省委办公厅、江西省人民政府办公厅印发《关于支持赣江新区加快发展的若干意见》的通知要求，在项目申报或审批中，赣江新区管委会根据委托权限，自行审批或直报省政府及相关部门审批。

项目建设管理：直管区各类在建的基础设施、民生及招商引资企业项目，按照责任主体不变、资金渠道不变、目标要求不变的原则，加快在建项目建设，确保按期完成建设任务。跨直管区和统筹区的重大基础设施项目、重大公共服务项目、重大产业项目，由赣江新区管委会统筹推进，所在地政府大力支持配合。

5) 自然资源管理。赣江新区自然资源局作为省自然资源厅直属机构，享有设区市自然资源管理权限。直管区单列土地利用年度计划。根据发展需要，积极争取自然资源部支持赣江新区在全省范围内逐步调出直管区基本农田。直管区（除儒乐湖核心区外）的土地出让收益由赣江新区留存使用。

6) 社会事务管理。南昌市、九江市政府及涉及县（市、区）政府委托赣江新区管委会负责直管区社会事务管理服务工作，履行并承担相关工作职责。

7) 其他事务管理。涉及法院、检察院相关工作由原行政区法院、检察院继续行使工作职能。涉及综合治理、维护稳定等社会管理工作由赣江新区行使工作职能。人大代表、政协委员由相关县（市、区）按赣江新区直管区人口比例分配名额，在原行政区选举。

（2）统筹区运行机制。

1) 统筹区各市、县（市、区）政府、各经济功能区管理机构，负责本区域内开发建设和经济社会事务管理，协助跨区域重大项目建设，并接受赣江新区建设领导小组及其办公室的统筹协调。

2) 统筹区涉及新区整体长远发展的土地利用、产业布局、重大基础设施项目、重大公共服务项目等重要事项，由相关市县政府商赣江新区管委会共同推进。

3) 统筹区各县（市、区）、经济功能区享受国家、省级支持赣江新区加快发展的各类政策。

4) 统筹区对外以赣江新区名义进行宣传报道，合力提升赣江新区的知名度和影响力。

5. 工作要求

（1）统一思想，提高站位。理顺赣江新区管理体制，是省委、省政府加快赣江新区发展的重要举措。各地各部门要提高政治站位，树立大局观念，精心组织，周密部署，做好理顺体制的各项工作，确保赣江新区走上高质量跨越式发展轨道。

（2）规范操作，稳步推进。南昌市、九江市政府及相关县（市、区）政府要按照分级委托、分级授权的原则，与赣江新区管委会及工作机构签订委托协议，并做好清产核资工作。按照有关法律法规，尽快完成人财物等方面的交接以及收支基数的划转，耐心细致做好干部群众的思想引导工作，全力维护社会稳定，实现平稳过渡。

（3）加强协调，做好衔接。赣江新区要主动加强与南昌市、九江市的沟通协调，认真梳理并衔接相关事项。南昌市、九江市和省直相关部门要大力支持，做好有关事权、物权、财权等各项事务的交接工作，确保新区能够接得住、管得好。赣江新区建设领导小组办公室要加强统筹协调，及时解决有关问题。重大问题及时向省委、省政府报告。

（二）赣江新区管理机构

1. 党建部门

纪检监察委员会：依据党章、宪法和监察法，根据省纪委省监委授权，履行党的纪律检查和国家监察两项职责，首要任务是监督驻在部门领导班子及其成员和处级干部，着力加强对驻在部门本级机关和直属单位的监督。

党群工作部：①指导新区党的建设和群团工作；②负责新区组织人事和机构编制工作；③负责新区宣传工作；④负责新区机关党风廉政建设和直属机关工委（直属机关纪工委）工作；⑤负责新区"两新组织"党工委工作；⑥负责新区统战及民族宗教工作；⑦负责新区外事侨务、对台工作；⑧负责新区广播电视管理工作；⑨承办新区党工委、管委会交办的其他事项。

2. 行政职能部门

赣江新区党工委管委会办公室：①负责新区机要文电及日常文电的处理及保密工作；②负责政策调研，以及新区党工委、管委会综合性文稿、重要文件的起草，规范性文件的审核把关工作；③负责综合协调，以及新区重大活动和新区领导公务活动的组织安排工作；④负责督查省、新区各项决议、决定、重要工作部署和新区领导批示的贯彻执行情况；⑤负责信息收集、整理、报送及大事记编辑工作；⑥负责新区网络信息安全、政务公开及电子政务建设工作；⑦负责新区党工委会议、管委会主任办公会议以及重要会议的服务保障工作；⑧负责新区党工委、管委会接待，以及机关后勤服务、管理工作；⑨负责协调司法，以及联系人大、政协工作；⑩承办新区党工委、管委会交办的其他事项。

经济发展局：①负责编制新区国民经济和社会发展中长期规划、年度计划和产业发展规划；②负责指导推进和综合协调经济体制改革，监测分析新区宏观经济运行；③负责研究提出新区新型工业化发展战略，拟订并组织实施工业和信息化发展规划，监测分析工业、信息化运行态势；④负责中小微企业和非公有制经济发展的综合指导和协调；⑤负责组织指导新区功能区建设；⑥负责新区产业项目调度推进工作；⑦负责新区统计工作；⑧负责新区粮食行政管理工作；⑨承办新区党工委、管委会交办的其他事项。

创新发展局：①负责新区改革工作，以及新区党工委深化改革领导小组日常工作；②负责新区人才工作，以及新区党工委人才工作领导小组日常工作；③负责新区创新平台的引进、培育和推进工作；④负责新区科技工作；⑤负责新区"双创"工作；⑥承办新区党工委、管委会交办的其他事项。

开放发展局：①负责编制新区开放型经济发展中长期规划、年度计划，以及新区贸易发展规划，并组织实施；②负责新区开放型经济工作领导小组和贸促会的日常工作；③负责跟踪、调度、督查新区重大招商引资项目的推进情况；④负责新区商贸行业管理工作；⑤负责驻新区商会和新区驻外商会的协调服务工作，联系相关行业协会，参与区域经济合作的组织与协调；⑥负责口岸管理、口岸物流、电子口岸的规划建设工作；⑦负责新区驻外联络机构的日常管理工作；⑧承办新区党工委、管委会交办的其他事项。

财政金融局（国有资产监督管理委员会）：①负责编制新区年度预决算并组织执行，承担新区本级各项财政收支管理任务；②负责监督财政性资金运行情况，开展绩效评价；③负责新区国库支付、非税收入、政府采购管理；④负责新区行政事业单位国有资产管理，制定统一的开支标准和支出政策；⑤负责制定新区本级建设投资的有关政策，制定基本建设财务制度，开展投资评审；⑥负责金融管理，推进金融市场发展，监督、指导新区地方金融机构发展；⑦负责推动新区投融资平台建设工作，履行国有资产出资人职责，做好融资性担保机构的行业综合管理；⑧承办新区党工委、管委会交办的其他事项。

城乡建设和交通局：①负责新区城乡建设管理工作；②负责新区建设工程质量和安全监督管理工作；③负责统筹推进新区城乡一体化工作；④负责新区交通运输工作；⑤负责新区住房保障和房产管理工作；⑥负责新区人防管理工作；⑦负责做好与供水、供电、供气等有关单位的建设协调工作；⑧承办新区党工委、管委会交办的其他事项。

社会发展局（应急管理局）：①负责新区教育体育、文化旅游、新闻出版工作；②负责新区卫生健康、人口与计生工作；③负责新区民政、退役军人事务工作；④负责新区医疗保障、劳动和社会保障工作；⑤负责新区信访工作；⑥负责新区应急管理，以及党工委管委会值班工作；⑦负责新区农业农村工作，以及林业、水行政管理工作；⑧负责新区人民武装以及协调政法工作；⑨承办新区党工委、管委会交办的其他事项。

生态环境局：①负责制定新区生态环境各项制度和办法，并组织实施；②负责新区生态环境问题的统筹协调与监督管理；③负责新区减排目标落实的监督管理；④负责新区环境污染防治的监督管理；⑤指导协调和监督新区生态保护修复工作；⑥负责新区生态环境监测工作；⑦负责新区核与辐射安全的监督管理与应对气候变化；⑧组织开展新区生态环境保护督察；⑨负责新区生态环境宣传教育工作；⑩承办新区党工委、管委会交办的其他任务。

行政审批局：①负责制定新区行政审批各项制度和办法，并组织实施；②负责新区"放管服"改革工作的统筹协调和组织实施；③负责规范新区行政审批行为，并对行政审批行为进行监督检查；④负责新区行政审批信息化建设工作；⑤承办新区党工委、管委会交办的其他事项。

赣江新区综合行政执法局（市场监管局）：①负责组织新区综合行政执法活动，以及案件查处和跨区域执法的组织协调工作；②负责新区市场监督管理（含知识产权保护）工作；③负责新区城市管理工作；④负责赣江新区综合行政执法大队的日常管理工作；⑤承办新区党工委、管委会交办的其他事项。

3. 事业单位

发展研究中心：负责新区经济社会发展与改革开放的政策研究，为新区科学、民主决策提供服务。

政务服务中心：承担直管区内公共服务事项经办职责。

综合行政执法大队：依法承担直管区行政执法具体工作。

土地储备交易中心（不动产登记中心）：①负责统筹、协调、管理赣江新区土地储备工作（不从事政府融资、土建、基础设施建设、土地二级开发等业务）；②实施新区范围内土地交易工作；③承办新区范围内不动产登记工作；④受理土地储备、交易、登记业务咨询。

江西中科先进制造产业技术研究院：①建立各类专业技术研发与服务创新平台，主导建立各类产学研联盟、主导或参与建设各类孵化器、科技园区、产业基地等；②引进国内外先进制造产业领军人才（团队）

及科技、教育、培训等综合资源，与江西现有制造产业、职业教育等资源对接，进一步推动江西的传统产业转型升级，打造先进制造产业创新创业平台与高层次人才（团队）引进、集聚的科技综合服务平台；③引进国内外先进制造产业技术、高新技术企业和各类科技专业机构等，服务江西省相关产业；④提供全面和专业的科技服务，包括科技项目合作、重大项目联合攻关、技术咨询、知识产权服务、项目申报、科技信息交流、科技评估、检验检测等服务；⑤举办学术会议、讲座和专题交流活动。

赣江中药创新中心：①承担中药国家大科学装置的预研、建设、运行和管理，并开展相关领域的科学研究工作。中药国家大科学装置预研、申报和建设，中药国家大科学装置的运行和管理。②中药关键科学问题研究，中药关键核心技术开发。③中药绿色制造、智能制造、智能定制，中药应用技术开发与成果转化。④中药材、饮片、植物提取物、创新药物、仿制药的产品开发、生产与销售。

4. 驻区单位

国土资源局：属省自然资源厅的派出机构。其基本职能有：①贯彻执行自然资源管理的方针、政策和法律法规。②负责自然资源规划管理，编制土地利用总体规划、土地利用年度计划、矿产资源总体规划，测绘行业发展规划和其他专项规划，并组织实施和监督检查。③负责土地征收、农用地转用审核、申报工作。负责耕地保护管理，组织实施土地开发整理复垦，耕地占补平衡等工作。④负责土地供应、转让、抵押，地籍管理等工作，指导土地收储工作。⑤负责地质勘查、矿产开发、矿产资源储量、地质环境、地灾防治、地理信息等工作。⑥负责国土资源执法监察，调查统计、动态监测、行政复议、应诉、信访等工作，开展国土资源政策、法律、法规宣传教育、干部培训、科技推广和对外交流。⑦负责协调南昌市、九江市自然资源管理部门涉及赣江新区辖区内的有关事务。⑧承办省自然资源厅和赣江新区管委会交办的其他事项。

国家税务总局江西赣江新区税务局：国家税务总局江西赣江新区税

务局主要职责是：①负责贯彻执行党的路线、方针、政策，加强党的全面领导，履行全面从严治党主体责任，负责党的建设和思想政治建设工作。②负责贯彻执行税收、社会保险费和有关非税收入法律、法规、规章和规范性文件，研究制定具体实施办法。组织落实国家规定的税收优惠政策。③负责研究拟定本系统税收、社会保险费和有关非税收入中长期规划，参与拟定税收、社会保险费和有关非税收入预算目标并依法组织实施。负责本系统税收、社会保险费和有关非税收入的会统核算工作。组织开展收入分析预测。④负责开展税收经济分析和税收政策效应分析，为国家税务总局江西省税务局（以下简称"江西省税务局"）和赣江新区党工委、管委会提供决策参考。⑤负责所辖区域内各项税收、社会保险费和有关非税收入征收管理。组织实施税（费）源监控和风险管理，加强大企业和自然人税收管理。⑥负责组织实施本系统税收、社会保险费和有关非税收入服务体系建设。组织开展纳税服务、税收宣传工作，保护纳税人、缴费人合法权益。承担涉及税收、社会保险费和有关非税收入的行政处罚、行政复议和行政诉讼事项。⑦负责所辖区域内国际税收和进出口税收管理工作，组织反避税调查和出口退税事项办理。⑧负责组织实施所辖区域内税务稽查和社会保险费、有关非税收入检查工作。⑨负责增值税专用发票、普通发票和其他各类发票管理。负责税收、社会保险费和有关非税收入票证管理。⑩负责组织实施本系统各项税收、社会保险费和有关非税收入征管信息化建设和数据治理工作。⑪负责本系统内部控制机制建设工作，开展对本系统贯彻执行党中央、国务院重大决策及上级工作部署情况的督查督办，组织实施税收执法督察。⑫负责本系统基层建设和干部队伍建设工作，加强领导班子和后备干部队伍建设，承担税务人才培养和干部教育培训工作。负责本系统绩效管理和干部考核工作。⑬负责本系统机构、编制、经费和资产管理工作。⑭完成江西省税务局和赣江新区党工委、管委会交办的其他工作。

5. 区属企业

赣江控股集团有限公司：作为赣江新区推动产业发展和开发建设的主力军、主阵地，赣江控股以产业转型升级、科创平台建设、"双智"新城建设为主攻方向，业务涵盖资本运作、融资代建、建筑施工、投资金融、资产运营等众多领域，致力打造成为具有核心竞争力、科技创新力、市场话语权、资本回报率高、综合实力强的一流企业，助力赣江新区打造成为全省高质量跨越式发展的核心增长极和强大新引擎。

6. 组团机构

永修组团党工委，管委会；经开组团党工委，管委会；共青组团党工委，管委会；临空组团党工委，管委会。

第二节　赣江新区体制机制创新建设

一、赣江新区体制机制建设目标与原则

（一）建设目标

根据 2017 年国家级新区体制机制创新工作要点，赣江新区管理体制机制建设目标为：围绕完善管理体制机制、创新发展平台、促进产城融合发展等方面进行探索，在促进中部地区崛起方面发挥积极作用。

（1）按照基础设施优先、环境优先、公共配套优先、产业优先原则，谋划推进空间形态有特色、功能内涵有内容的生态健康城建设，开展产城融合发展改革探索。

（2）依托共青城，建设科技创新及成果转化的示范区，多举措探索创新创业新方式，打造"双创"平台。

（二）建设原则

（1）统分结合，分片运行。将赣江新区划分为直管区和统筹区，合理明确直管区和统筹区的管理范围、运营方式和开发主体职责，实行统一平台、统一规划、统一对外宣传，实现各尽其能、各负其责，竞争有序、协同互补。

（2）统筹管理，上下联动。强化赣江新区建设领导小组及其办公室的统揽作用，统筹推进重大项目、重大平台、重大事项。对各片区发展实行统一的严格考核，加大省级政策支持，引导南昌市、九江市加大对赣江新区各片区资源要素投入。

（3）利益共享，融合发展。充分调动赣江新区、南昌市、九江市积极性，激发和释放三方活力，形成多渠道投入、多层次开发、多方面受益的开发建设机制，推动基础设施互联互通、重大平台共同使用、重大产业分工协作、公共服务共建共享，实现赣江新区融合发展。

二、若干典型国家级城市新区管理体制创新建设经验

国家级新区是行政管理体制先行先试的范本，它们之间既有类似之处又有不同。在此，我们以浦东新区、滨海新区、两江新区和贵安新区四个具有代表性的新区为例，对其管理机构设置及体制发展沿革情况进行简要梳理。

（一）浦东新区

浦东新区于1990年由国务院批准设立，早期在新区内实行的是管理体制与开发体制并存的模式，管理上主要由开发领导小组及其办公室具体负责。1993年，上海浦东新区进入了"管委会"时代，正式成立了党工委和管委会，作为市委、市政府的派出机构。2000年，浦东新区正式"建政"成为一级政权，成立了区委、区政府、区人大和区政协。2005年，国家批准浦东新区为全国首个推行综合配套改革的试点地区。在管理体制上，大力削减新区政府职能，并对原有政府部门按职能模块进行

组合；着力健全行政审批服务体系、推进审批事权下沉；完善区域（园区）管理体制，设立 6 个功能区管委会；全面剥离街道的经济管理职能，强化其城市管理和一线服务职能等。2013 年，浦东新区境内正式成立我国首个自由贸易区——中国（上海）自由贸易试验区，政府管理创新也迎来了新的契机。浦东新区在管理体制机制方面的探索，适应了时代发展的要求，创造出了众多成功的、可复制和推广的经验，值得其他新区乃至全国各级政府学习借鉴。

（二）滨海新区

滨海新区于 1994 年由国务院批准正式成立，成立初期同样也是实行领导小组体制，小组办公室挂靠在天津市政府办公厅，规格定为正厅级。2000 年，新区正式成立党工委和管委会，作为市委和市政府的派出机构，管委会下设两室三局，即办公室、政策法规研究室、规划建设发展局、经济计划发展局和投融资局。2006 年，滨海新区正式升格为国家级新区，被批准为第二个全国综合配套试验区，进行包括管理体制在内的一系列综合配套改革。2009 年，滨海新区正式"建政"成为一级行政区，撤销了塘沽区、汉沽区、大港区的区级政府编制，转变为三个内设的党工委和管委会；并在产业集聚区新设立 12 个经济功能区的管委会。2013 年，天津市又撤销了塘沽、汉沽、大港三区工委和管委会，由滨海新区区委、区政府统一领导街镇。新区行政管理体制由此减少了一个层级，更加精简、扁平，也更加高效。滨海新区在管理体制方面的扁平化先行先试改革，对其他国家级新区发展建设中如何理顺内部关系、解决层级问题提供了一种全新的解决方案。

（三）两江新区

2010 年，两江新区获得国务院批复成为第三个国家级新区。与浦东新区、滨海新区相比在新城区起步阶段有很大不同，两江新区建设涉及多个老城区，为最大限度减少摩擦，新区成立初期在行政管理体制上采取"1 加 3"和"3 托 1"的管理模式，即成立由市长任组长的新区建设领导小组，在其统一领导下，由两江新区管委会及江北、渝北、北碚3个行政区分别作为开发主体，按照"统分结合"的方式，实行多元化协同管理和开发。在行政审批制度方面，新区积极承接市级行政审批等管理事项和权限，且市人大出台授予新区行政主体资格决定，实现了"两江事情两江办、两江审批不过江"。2016年，重庆市委市政府出台《关于调整优化两江新区管理体制的决定》，撤销北部新区党工委和管委会，其职能职责分别划归两江新区党工委和管委会，原北部新区和两江新区的32个部门按照大部门制和精简高效的原则，整合为16个内设机构和3个直属机构。两江新区作为在内陆直辖市建设的国家级新区，对我国中西部地区的新区建设有着重要的示范作用。

（四）贵安新区

2014年1月，经国务院批复贵安新区正式设立。贵安新区初期实行"领导小组＋管委会＋开发投资公司"的开发管理模式。规划建设领导小组为决策层，党工委管委会为管理层，开发投资公司为开发运作层。新区管理体制中，将新区分为"直管区"和"非直管区"。"直管区"方面，新区党工委管委会根据省委省政府授权，按照贵阳市、安顺市委托管理协议，在"直管区"行使市级经济社会事务管理职权；"直管区"实行新区管委会和乡镇两级管理体制，并探索"镇园合一"管理模式，即乡镇政府和所在地园区管理机构实行"一套人马、两块牌子"，行使县级经济社会事务管理权限，享受省级园区相关政策。"非直管区"方面，新区党工委管委会以新区总体规划为依据，对其进行全面统筹协调；由所属地的各级政府和各原有功能区管理机构负责本区域内开发建设和社会管理等事务，并协助进行跨区域重大项目建设。"非直管区"共享新区发展的各类优惠政策。

三、国家级新区管理创新及对赣江新区发展的借鉴

通过对具有代表性的典型新区管理体制创新的梳理介绍，有助于了

解我国新区发展的整体情况，总结新区管理体制的一般特点和规律，也可获得不少有益的启示。

（一）高位推动是管理体制创新的初动力

强有力的领导是新区资源整合的关键性要素，新区成立之初，因涉及不同区域和不同利益主体，发展往往会遇到不少障碍和困难，这就需要强有力的"高位推动"。从现有的典型新区发展历程来看，在筹备和建设过程中，都成立了由所在地主要领导牵头的新区领导小组、建设小组或开发小组。当然，高位推动需要与新区内部的利益分化程度、发展阶段和发展目标等因素结合起来衡量，需要在高层介入力度与保证新区自主度两方面，找到适当的平衡。

（二）理顺关系是管理体制创新的着力点

现有国家级新区，大都是依托原有的各类开发区、园区和城区设立和发展起来的，这就涉及各类功能区、行政区和开发主体之间错综复杂的关系。

从现有较为成熟的新区发展历程来看，如何处理这些关系没有统一和固定的模式，但都在这个问题上花费了不少精力和心思，其内部管理体制机制的创新也着力于理顺这两者之间以及相互之间的权责关系。此外，新区的管理机构如何协调与所在政府以及省级乃至国家相关部门的关系，需要探索出相对成熟化、制度化的模式。

（三）多方参与是管理体制创新的活力源

主体的复杂性既是新区发展面临的挑战，也是新区改革创新的活力源泉。如何激发各类主体的积极性，使其主动参与新区的建设发展，是新区可持续发展的保障。从现有国家级新区建设实践来看，一般都会在尊重历史和现实实际情况下，一段时期内保留原有行政主体的管理权限，并给予政策和资金支持以提升其工作积极性。此外，各个新区都努力以政策优惠、利益激励等方式，大力招商引资、招才引智以及项目引进，调动新区内外各类其他行动主体参加新区的开发建设热情。

（四）扁平化和大部制是组织设计的主方向

建设高效的服务型政府是时代发展的要求，也是国家级新区管理体制改革的基本方向。为实现这一目标，现有新区在组织设计上一般都采取纵向的扁平化体制和横向的大部门体制，这使得新区的行政机构相比于传统行政机关，权责更为清晰，职能安排更为合理，服务更加精干高效。与扁平制和大部制的组织设计紧密联系的是行政审批改革，现有新区都倾向于推行较大力度的行政审批改革，尽可能地减少和下放审批权限和事项，提高审批管理服务效能。

（五）动态调整是管理体制创新的新常态

通过对原有 17 个国家级新区基本情况的梳理，我们发现新区的管理体制经常随其开发建设的推进而动态调整，并大致经历领导小组、管委会再逐步发展为完整行政区的过程。不过，这种变迁历程也会因各地实际情况不同而有所差异，如两江新区基本上是直接进入管委会体制；此外，新区内部行政区与功能区的关系处理上，一些新区积极探索两者合一，另一些则力主保持分离。整体来说，新区的管理体制经历了一个从粗糙到精细、从议事协调逐步到实体的不断发展完善过程。

四、赣江新区管理体制机制创新的对策建议

2016 年 6 月，《国务院关于同意设立江西赣江新区的批复》（国函〔2016〕96 号）正式下发，标志着赣江新区的正式设立。赣江新区作为最近批准设立的新区，肩负着推动长江经济带发展和中部地区崛起的重大战略任务，也肩负着引领"昌九一体化"发展乃至江西经济社会整体发展的区域现实任务，为此，需要解放思想，先行先试，大胆创新，构建适合赣江新区发展的管理体制机制。

（一）制定《赣江新区开发管理条例》

按照国务院批复精神，赣江新区在推进新区建设的同时，应着手制定《赣江新区开发管理条例》，作为统筹推进开发建设的法律依据。《条例》

的制定既有利于规范新区的建设发展，也有利于增强各界对新区发展的信心。《条例》应着重体现：一是前瞻性。建议新区考虑发展为自贸区的可能，同时明确最终向新型行政区发展的方向，而不只是定位为产业基地或功能区。二是宽视野。要吸收国内外各类园区、开发区和国家新区发展的已有经验，反映出国内外管理体制改革和创新的最新成果。三是包容性。要在全面考虑新区内外构成要素的基础上，既明确新区统一的管理体制，又为社会力量参与管理留下空间。

（二）赋予新区充分的管理创新自主权

新区贵在创新，创新需要有容错机制和自主空间来保障。赣江新区的发展，虽然需要"高位推动"，但最根本的还是要发挥各方主体的积极性。为此，在实践中需要大胆借鉴其他国家级新区的先行做法和成功经验，建议直接赋予赣江新区副省级甚至是省级经济管理权限。这方面已有先例，如重庆两江新区实行原则上"新区事务不过江"原则，被赋予很多省级管理权限；浙江舟山群岛新区也被赋予行使省级经济管理权限。此外，要积极发挥国家级新区体制机制优势，尽可能争取国家重大创新试验等项目落地新区，且凡是省里需要推进的改革试点，一律优先考虑在新区先行试验，最大限度地激发新区改革发展的活力和内生动力。

（三）适时调整完善行政管理体制

着眼建设"层次清晰、运转高效、各司其职、共同发力"的完备工作机制，构建高效创新的新区管理体制。新区建设初期，通过"领导小组+管委会+开发投资平台"架构，整合资源推动发展，管委会主要负责统筹宏观规划和经济发展，公共服务暂时依托所在行政区；当新区发展到一定阶段，争取逐步使管委会兼具决策、管理和开发职能；再在条件成熟时，将管委会过渡到一级行政区。实行横向大部制和纵向扁平化管理，建立科学合理、集中高效、协调统一的内部管理体制。此外，建议新区从起步时开始，就树立"一盘棋"思想，全面统筹规划发展，不搞直管区和非直管区，也不搞南昌片区和九江片区。

（四）切实加大行政审批制度改革力度

行政审批制度改革是当前建设服务型政府、激发社会创新活力的重要举措，新区作为省委省政府领导下的创新示范区，在行政审批制度改革方面需要下大力气。建议新区成立专门的行政审批服务局，统筹新区行政审批改革。集中开展对现有审批事项的清理工作，最大限度减少审批事项和还权社会。推行审批清单制度，优化再造审批流程，推行"一口受理"、时限承诺、标准化程序办理；运用信息化的新型工具和方法，探索实行网上集中受理和阳光透明办理。通过改革，切实使赣江新区成为全国行政审批事项较少、整体审批效率较高的区域之一。同时，重视行政审批向下放权，能由功能区、基层政府承接的审批事项应该"能放就放"。

（五）在人才金融等关键领域采取突破性措施

人才和金融是制约江西发展的两个突出问题，必须抓住这只"牛鼻子"，以新区为载体探索发展新路子。建议利用先行先试的优势，成立人才局和金融局统筹新区人才和金融工作，并为全省人才和金融工作改革探索经验。利用当前"深化人才发展体制机制改革"的契机，积极引入国家机关和国有企业人才到新区挂职任职，大力吸引外地优秀人才来新区工作创业；深化干部人事制度改革，鼓励高素质年轻干部到新区工作。创新投融资体制机制，加快组建新区开发投融资平台，加强对基础设施、公共服务、生态建设等重点领域的金融支持；完善信用担保、风险评估、征信管理等配套体系建设，积极探索负面清单投资管理模式，按照"非禁即准""非禁即入"原则，鼓励社会资本以PPP等方式参与新区的开发建设。

参考文献

1. 政府官网文件

［1］上海市浦东新区人民政府网站.走进浦东［EB/OL］.［2022-03-20］.https：//www.pudong.gov.cn/about/.

［2］天津市滨海新区人民政府网站.滨海概况［EB/OL］.［2022-03-20］.http：//www.tjbh.gov.cn/channels/11823.html.

［3］重庆.两江新区网站.中国（重庆）自由贸易试验区两江新区片区概况介绍［EB/OL］.（2021-05-13）［2022-03-23］.http：//www.liangjiang.gov.cn/Content/2021-05/13/content_10167161.htm.

［4］浙江舟山群岛新区新城管理委员会网站.新城概况［EB/OL］.［2022-03-23］.http：//xcgwh.zhoushan.gov.cn/col/col1544600/index.html.

［5］兰州新区门户网站.兰州新区概况［EB/OL］.（2022-04-26）［2022-04-27］.http：//www.lzxq.gov.cn/system/2018/10/25/030000231.shtml.

［6］广州市南沙区人民政府网站.南沙概况［EB/OL］.（2021-10-09）［2022-03-27］.http：//www.gzns.gov.cn/zwgk/zjns/nsgk/content/post_7823589.html.

［7］陕西西咸新区开发建设管理委员会网站［EB/OL］.［2022-03-29］.http：//www.xixianxinqu.gov.cn/zwgk/.

［8］贵州贵安新区管理委员会网站.走进贵安［EB/OL］.［2022-04-

01］．http：//www.gaxq.gov.cn/galy/.

［9］青岛西海岸新区网站．新区概况［EB/OL］．［2022-04-01］．http：//www.xihaian.gov.cn/zmxha/.

［10］大连金普新区网站．新区简介［EB/OL］．（2021-07-07）［2022-04-03］．https：//www.dljp.gov.cn/tz/003001/20180213/ab6cc0ea-407e-4983-8e30-835f8f64ea94.html.

［11］四川天府新区网站．新区介绍［EB/OL］．［2022-04-06］．http：//www.cdtf.gov.cn/cdtfxq/tianfu/tianfu.shtml.

［12］湖南湘江新区网站．湖南湘江新区概况［EB/OL］．［2022-04-06］．http：//xjxq.hunan.gov.cn/hnxjxq/c100930/index.html.

［13］南京江北新区网站．走进新区［EB/OL］．［2022-04-10］．http：//njna.nanjing.gov.cn/zjxq/.

［14］福州新区网站．新区概况［EB/OL］．［2022-04-10］．http：//fzxq.fuzhou.gov.cn/zz/xqgk/.

［15］云南滇中新区网站．走进新区［EB/OL］．（2022-01-01）［2022-04-15］．http：//www.dzxq.gov.cn/zjxq/.

［16］哈尔滨市松北区人民政府网站．魅力新区［EB/OL］．［2022-04-16］．http：//www.songbei.gov.cn/col/col20305/index.html.

［17］长春新区管理委员会网站．新区概况［EB/OL］．（2021-06-01）［2022-04-20］．http：//www.ccxq.gov.cn/xxfb/xqgk/.

［18］赣江新区政务网．赣江新区简介［EB/OL］．（2022-01-25）［2022-04-28］．http：//www.gjxq.gov.cn/art/2022/1/25/art_38818_2101743.html.

［19］中国雄安官网．雄安概况［EB/OL］．［2022-04-30］．http：//www.xiongan.gov.cn/.

2. 专著期刊论文

[1] 安虎森. 增长极理论评述 [J]. 南开经济研究，1997（1）：31-37.

[2] 曹清峰. 国家级新区对区域经济增长的带动效应——基于 70 大中城市的经验证据 [J]. 中国工业经济，2020（7）：43-60.

[3] 曾德超. 增长极理论对中国区域经济发展的启示 [J]. 经济与管理研究，2005（12）：11-16.

[4] 曾光，周伟林. 产业聚集理论及进展 [J]. 江淮论坛，2005（6）：5-10.

[5] 曾鹏. 现代城市管理机制创新实证研究 [M]. 厦门：厦门大学出版社，2014：190.

[6] 常晨，陆铭. 新城之殇——密度、距离与债务 [J]. 经济学（季刊），2017，16（4）：1621-1642.

[7] 陈家祥. 中国城市新区生成机理与创新发展研究 [M]. 南京：南京大学出版社，2020：380.

[8] 陈晓伟. 攥指为拳 聚人才工作合力——青岛西海岸新区创新体制机制成立招才中心 [J]. 中国人才，2017（11）：50-51.

[9] 陈玉梅. 化解四大矛盾是提升新城建设生命力的关键 [J]. 经济纵横，2011（12）：17-21.

[10] 陈珍珍，何宇，徐长生. 国家级新区对经济发展的提升效应——基于 293 个城市的多期双重差分检验 [J]. 城市问题，2021（3）：75-87.

[11] 程郁，郭雯. 联合治理视角下的高新区管理体制创新 [J]. 科学学与科学技术管理，2014，35（2）：86-95.

[12] 党兴华，赵璟，张迎旭. 城市群协调发展评价理论与方法研究 [J]. 当代经济科学，2007（6）：110-115+126.

[13] 丁友良. 舟山群岛新区行政管理体制创新——基于国家级新区行政管理体制的比较研究 [J]. 中共浙江省委党校学报，2013，29（5）：

43-49.

[14] 董青，李玉江，刘海珍. 中国城市群划分与空间分布研究 [J]. 城市发展研究，2008，15（6）：70-75.

[15] 鄂冰，袁丽静. 中心城市产业结构优化与升级理论研究 [J]. 城市发展研究，2012，19（4）：60-64.

[16] 方创琳. 京津冀城市群协同发展的理论基础与规律性分析 [J]. 地理科学进展，2017，36（1）：15-24.

[17] 方创琳，王振波，马海涛. 中国城市群形成发育规律的理论认知与地理学贡献 [J]. 地理学报，2018，73（4）：651-665.

[18] 方创琳，周成虎，顾朝林，等. 特大城市群地区城镇化与生态环境交互耦合效应解析的理论框架及技术路径 [J]. 地理学报，2016，71（4）：531-550.

[19] 冯垚. 城市群理论与都市圈理论比较 [J]. 理论探索，2006（3）：96-98.

[20] 高进田. 增长极理论与国家综合配套改革试验区建设 [J]. 财经问题研究，2008（2）：120-124.

[21] 高玲玲. 中心城市与区域经济增长：理论与实证 [J]. 经济问题探索，2015（1）：76-81.

[22] 顾朝林，于涛方，刘志虹，等. 城市群规划的理论与方法 [J]. 城市规划，2007（10）：40-43.

[23] 郭松洋. 设立国家级新区的增长与协同效应研究——基于双重差分法的实证检验 [J]. 兰州学刊，2020（3）：120-130.

[24] 郝寿义，曹清峰. 国家级新区在区域协同发展中的作用——再论国家级新区 [J]. 南开大学学报（哲学社会科学版），2018（2）：1-7.

[25] 何岿，黄巍，张福双. 增长极理论对黑龙江省贫困县金融服务中心建设的启示 [J]. 山西财经大学学报，2015，37（S1）：25-27.

[26] 黄金升，王春杰，赵爱栋. 国家高新区："体制回归"还是创新

发展——基于地方政府供地行为的考察［J］. 山西财经大学学报，2022，
44（1）：1-13.

［27］江静，胡顺强. 中心城市近郊区城市化理论分析［J］. 理论月刊，
2010（8）：104-107.

［28］江曼琦. 对城市群及其相关概念的重新认识［J］. 城市发展研究，
2013，20（5）：30-35.

［29］姜宝中. 中国国家级新区对城市经济发展的影响研究［D］. 长
春：吉林大学，2020.

［30］匡贞胜，赖思振. 管理体制、空间类型与功能区经济绩效——
基于国家级高新区 2008-2017 年面板数据的实证分析［J］. 管理评论，
2022，34（4）：34-43.

［31］李金龙，王敏. 城市群内府际关系协调：理论阐释、现实困境
及路径选择［J］. 天津社会科学，2010，1（1）：83-87.

［32］李铭，易晓峰，刘宏波. 作为增长极的省会城市经济、人口和
用地的集聚机制分析及对策建议［J］. 城市发展研究，2021，28（8）：2+
70-76.

［33］李一鸣. 我国国家自主创新示范区体制创新的国际比较与实现
路径［J］. 河南社会科学，2019，27（12）：75-82.

［34］鲁雯雪，卢向虎. 国家级新区战略定位比较分析［J］. 城市观察，
2016（4）：32-38.

［35］林立勇. 功能区块论［D］. 重庆：重庆大学，2017.

［36］刘芬，邓宏兵，李雪平. 增长极理论、产业集群理论与我国区
域经济发展［J］. 华中师范大学学报（自然科学版），2007（1）：130-133.

［37］刘杰. 增长极理论对菏泽区域经济发展的启示［J］. 经济地理，
2010，30（12）：1961-1965.

［38］刘静玉，王发曾. 我国城市群经济整合的理论分析［J］. 地理与
地理信息科学，2005（5）：10+55-59.

[39] 刘静玉，王发曾. 我国城市群经济整合的理论与实践 [J]. 城市发展研究，2005（4）：10+15-19.

[40] 刘军，吉敏. 产业聚集理论研究述评 [J]. 经济问题探索，2011（8）：34-39.

[41] 刘素姣. 内陆创新区体制创新发展问题与纾解 [J]. 河南社会科学，2017，25（8）：92-99.

[42] 刘志彪，江静. 长三角一体化发展的体制机制研究 [M]. 北京：中国人民大学出版社，2021：418.

[43] 吕一平，赵民. 国外新城建设的目标与立法推进——以美国和日本为例 [J]. 上海城市规划，2022（2）：59-65.

[44] 吕一平，赵民. 英国新城规划建设的法制与启示 [J]. 上海城市规划，2022（1）：127-133.

[45] 罗锦. 国家级新区规划管理体制机制研究 [D]. 成都：西南交通大学，2020.

[46] 迈克尔·布鲁顿，希拉·布鲁顿，于立，等. 英国新城发展与建设 [J]. 城市规划，2003（12）：78-81.

[47] 毛艳华. 城市群现代化的理论创新与政策探讨——专题导语 [J]. 中山大学学报（社会科学版），2022，62（1）：149-151.

[48] 孟卫东，吴振其，司林波. 雄安新区管理体制机制创新研究——基于对浦东新区与滨海新区的经验分析 [J]. 当代经济管理，2018，40（4）：16-21.

[49] 彭建，魏海，李贵才，等. 基于城市群的国家级新区区位选择 [J]. 地理研究，2015，34（1）：3-14.

[50] 任军，马咏梅，赵晓辉. 增长极理论视角下的我国中、西部增长极战略布局 [J]. 税务与经济，2008（4）：11-16.

[51] 宋吉涛，方创琳，宋敦江. 中国城市群空间结构的稳定性分析 [J]. 地理学报，2006（12）：1311-1325.

[52] 覃成林，周姣. 城市群协调发展：内涵、概念模型与实现路径 [J]. 城市发展研究，2010，17（12）：7-12.

[53] 陶希东. 国外新城建设的经验与教训 [J]. 城市问题，2005（6）：97-100.

[54] 田井泉，吕春成. 产业聚集理论与产业国际竞争力 [J]. 理论探索，2005（3）：82-83+85.

[55] 田美玲，方世明. 国家中心城市研究综述 [J]. 国际城市规划，2015，30（2）：71-74+80.

[56] 王陈伟，卢向虎. 几个主要国家级新区财政体制比较分析 [J]. 西部财会，2016（10）：13-16.

[57] 王佳宁，罗重谱. 新时代中国区域协调发展战略论纲 [J]. 改革，2017（12）：52-67.

[58] 王良健，周克刚，许抄军，等. 基于分形理论的长株潭城市群空间结构特征研究 [J]. 地理与地理信息科学，2005（6）：74-77+99.

[59] 王晓轩，张璞，李文龙. 佩鲁的增长极理论与产业区位聚集探析 [J]. 科技管理研究，2012，32（19）：145-147+157.

[60] 王兴中. 中心城市经贸机制与国外区域经济发展理论 [J]. 热带地理，1993（1）：35-40.

[61] 王勇，李广斌. 中国城市群规划管理体制研究 [M]. 南京：东南大学出版社：244.

[62] 王瑜. 增长极理论与实践评析 [J]. 商业研究，2011（4）：33-37.

[63] 吴传清，周晨晨. 增长极理论在中国的新发展：基于学说史视角的考察 [J]. 贵州社会科学，2013（10）：47-52.

[64] 吴昊天，杨郑鑫. 从国家级新区战略看国家战略空间演进 [J]. 城市发展研究，2015，22（3）：1-10+38.

[65] 吴晓林. 模糊行政：国家级新区管理体制的一种解释 [J]. 公共管理学报，2017，14（4）：16-26+63+153-154.

［66］谢果，李凯，叶龙涛.国家级新区的设立与区域创新能力——来自 70 个大中城市面板数据的实证研究［J］.华东经济管理，2021，35（10）：48-58.

［67］徐佳宾，孙晓谛.工业效率与中国增长极形成的关系研究——基于中国地级市数据的实证检验和理论解释［J］.经济理论与经济管理，2021，41（10）：19-38.

［68］杨卡.新城与多中心城市区域的理论、辩证与实践［J］.现代城市研究，2015（8）：42-47.

［69］姚莲芳.新城新区产城融合体制机制改革与创新的思考［J］.改革与战略，2016，32（7）：46-50.

［70］张楠迪扬.京津冀一体化视角下的雄安新区行政体制机制创新［J］.国家行政学院学报，2017（6）：82-86+162.

［71］赵林度.城市群协同应急决策生成理论研究［J］.东南大学学报（哲学社会科学版），2009，11（1）：49-55+124.

［72］赵燕菁.探索新的范型：概念规划的理论与方法［J］.城市规划，2001（3）：38-52.

［73］钟顺昌，王德起.产城分离视野下对增长极理论的重新审视［J］.现代经济探讨，2015（11）：65-68+82.

［74］周茂权.点轴开发理论的渊源与发展［J］.经济地理，1992（2）：49-52.

［75］王昊，张文会，王珊，韩建飞，高琼.国家级新区产业综合竞争力评价分析［J］.科技中国，2019（11）：57-66.

［76］李雷雷.国家级新区主导产业选择研究［D］.成都：四川省社会科学院，2017.

［77］姜宝中.中国国家级新区对城市经济发展的影响研究［D］.长春：吉林大学，2020.

［78］冯奎.国家级新区发展阶段及思考［J］.城乡建设，2019（21）：

6–9.

[79] 罗锦. 国家级新区规划管理体制机制研究 [D]. 西南：西南交通大学，2020.

[80] 王晓丹. 云南滇中新区行政管理体制优化思路研究 [D]. 昆明：云南财经大学，2020.

[81] 姜宝中. 中国国家级新区对城市经济发展的影响研究 [D]. 长春：吉林大学，2020.

[82] 徐勇. 国家级新区行政管理体制改革经验及对江北新区的启示 [J]. 中共南京市委党校学报，2015（3）：107–112.

[83] 关于完善赣江新区管理体制的实施方案 [N]. 江西日报，2019–05–24（6）.

[84] 关于支持赣江新区加快发展的若干意见 [R]. 中共江西省委办公厅，2017.

[85] 曾光，吴颖，许自豪. 我国 17 个国家级新区建设经验、教训及对赣江新区的启示 [J]. 金融与经济，2017（7）：87–92.

[86] 于小强，邓聪慧，刘文蕙. 国家级新区与行政区融合发展机理研究——以管委会型的湖南湘江新区为例 [J]. 开发研究，2021（4）：145–152.

[87] 罗锦，邱建. 国家级新区规划管理的机构设置、问题及建议 [J]. 规划师，2020，36（12）：31–37.

[88] 吴晓林. 模糊行政：国家级新区管理体制的一种解释 [J]. 公共管理学报，2017，14（4）：16–26+63+153–154.

[89] 曾光，吴颖，许自豪. 我国 17 个国家级新区建设经验、教训及对赣江新区的启示 [J]. 金融与经济，2017（7）：87–92.

[90] 肖菲，殷洁，罗小龙，刘晓曼. 国家级新区发展与管治模式研究 [J]. 现代城市研究，2017（7）：87–92+123.

[91] 李才平，邓顺平，蔡安青. 国家级新区管理创新及对赣江新区

发展的借鉴 [J]. 地方治理研究，2017（1）：31-39.

[92] 王佃利，于棋，王庆歌. 尺度重构视角下国家级新区发展的行政逻辑探析 [J]. 中国行政管理，2016（8）：41-47.

[93] 刘华. 我国国家级新区建设机制的缺陷及对策探讨——以兰州新区为例 [J]. 甘肃社会科学，2016（2）：158-162.

[94] 山东省行政管理学会课题组，王振海. 国家级新区行政体制类型与运行机制比较研究 [C]. 东方行政论坛，2014：12-27.

[95] 邵学清，卢博文. 对我国高新区评价的现状与要解决的问题 [J]. 科学学研究，2007（4）：671-675.

[96] 白然. 我国三大国家级新区建设经验比较及对建设天府新区的借鉴和启示 [D]. 成都：四川省社会科学院，2014.

[97] 赵吉. 权力重塑与政策叠加：中国国家级新区发展机制研究 [J]. 中南大学学报（社会科学版），2020，26（2）：132-141.

[98] 李雷雷. 国家级新区主导产业选择研究 [D]. 成都：四川省社会科学院，2017.

后 记

本书是江西省高校人文社会科学重点研究基地项目"新时代背景下赣江新区体制机制创新建设研究"（JD21032）的最终研究成果。本书的出版得到了江西省高校人文社会科学重点研究基地江西师范大学创新与创业研究中心的资助。

本书分"国家级城市新区""城市新区建设""城市新区建设基础""我国国家级城市新区概览""我国国家级城市新区管理体制"和"赣江新区体制机制创新建设"六章。

本书是集体智慧的结晶，写作过程中得到了许多专家学者和赣江新区有关领导的悉心指导，全书由刘荣春教授统编，第一章、第二章、第三章由刘荣春教授撰写，第四章、第五章、第六章由干甜副教授撰写，杜怡怡、赵群、贾春升等同志在文献资料收集整理等方面做了大量的工作。

本书参阅引用了大量国内外专家学者的相关研究成果，并尽可能在书尾列出了参考文献，但由于涉及的文献较多，难免挂一漏万，在此表示深深的歉意！

本书的出版离不开经济管理出版社丁慧敏等同志的大力支持和帮助，她们的严谨工作给我留下了深刻印象！

刘荣春

2022 年 8 月于南昌